D1153170

# PUERTO VALLARTA

2<sup>e</sup> édition

Richard Bizier
Roch Nadeau

# ÉDITIONS ULYSSE

Le plaisir... de mieux voyager

| | | |
|---|---|---|
| *Auteurs*<br>Richard Bizier<br>Roch Nadeau | *Directeur de collection*<br>Claude Morneau | *Correcteur*<br>Pierre Daveluy |
| *Recherchistes*<br>Richard Bizier<br>Roch Nadeau<br>Paquerette Villeneuve<br>Paul Haince | *Directrice de production*<br>Pascale Couture<br><br>*Cartographe et infographie*<br>André Duchesne | *Illustratrices*<br>Lorette Pierson<br>Sophie Matteau<br><br>*Photographe*<br>*Page couverture* |
| *Chef de projet*<br>Daniel Desjardins<br>*Assistants*<br>Marc Rigole<br>Christian Roy | *Assistants*<br>Patrick Thivierge<br>Line Magier | Roch Nadeau<br><br>*Directeur artistique*<br>Patrick Farei - Atoll Dir. |

Remerciements : les auteurs remercient M. Guillermo Ponce, directeur de l'Office de tourisme du Mexique à Montréal, et Mᵐᵉ Leticia Matus pour leur indispensable assistance; l'écrivaine et critique d'art Paquerette Villeneuve, pour sa collaboration au guide et sa recherche, et M. Paul Haince, pour ses précieuses suggestions de bonnes adresses à Puerto Vallarta, Mᵐᵉ Yolanda Franco, directrice du Secrétariat du tourisme de l'État de Jalisco à Puerto Vallarta, et les coordonnateurs touristiques MM. J. Ludwig Estrada Virgen et Alvaro Campos, M. Jorge Arturo Barrón Villalobos, directeur des communications et des relations publiques, ainsi que M. Carlos Torres Ramírez, directeur de promotion et de commercialisation, tous deux du Secrétariat du tourisme de l'État de Jalisco à Guadalajara, et la coordonnatrice touristique Mᵐᵉ María De Lourdes Quintero Sánchez; leurs amis de Puerto Vallarta : Rita A. Krunz, Roger Dreier, Thierry Blouet et Jesús Botello Sánchez. Les Éditions Ulysse remercient la SODEC ainsi que le ministère du Patrimoine canadien pour leur soutien financier.

**3 2777 0201 5879 1**

**Canada** : Distribution Ulysse, 4176, St-Denis, Montréal (Québec) H2W 2M5
☎ (514) 843-9882, poste 2232 ☎ (800) 748-9171, fax : (514) 843-9448
www.ulysse.ca; guiduly@ulysse.ca

**États-Unis** : Distribooks, 8120 N. Ridgeway, Skokie, IL 60076-2911
☎(847) 676-1596, fax : (847) 676-1195

**Belgique-Luxembourg** : Vander, 321, avenue des Volontaires, B-1150 Bruxelles
☎ (02) 762 98 04, fax : (02) 762 06 62

**France** : Vilo, 25, rue Ginoux, 75737 Paris, cedex 15, ☎01 45 77 08 05
fax : 01 45 79 97 15

**Espagne** : Altaïr, Balmes 69, E-08007 Barcelona, ☎(3) 323-3062
fax : (3) 451-2559

**Italie** : Centro cartografico Del Riccio, Via di Soffiano 164/A, 50143 Firenze
☎ (055) 71 33 33, fax : (055) 71 63 50

**Suisse** : Diffusion Payot SA, p.a. OLF S.A., Case postale 1061, CH-1701
Fribourg, ☎ (26) 467 51 11, fax : (26) 467 54 66

**Pour tout autre pays, contactez Distribution Ulysse (Montréal).**

**Données de catalogage avant publication, voir p 5.**

«*Le Huichol est par nature écologiste. Les dieux qu'il révère, déesses de l'eau et du maïs, dieux de l'air ou de la pluie, personnifient les phénomènes naturels... Quand un Huichol danse, c'est avec douceur qu'il tape du pied, comme pour caresser la terre.*»

M. Delgado-Ramírez,
secrétaire technique du Parti révolutionnaire institutionnel (PRI) à México et ex-consul général du Mexique à Montréal

# SOMMAIRE

## LISTE DES CARTES

## DONNÉES DE CATALOGAGE

Bizier, Richard
    Puerto Vallarta
    2ᵉ éd.
    (Ulysse Plein Sud)
    Comprend un index.
    ISBN 2-89464-145-1
    1. Puerto Vallarta (Mexique) - Guides. I. Titre. II. Collection.

F1391.P93B59 1998     917.2'3504836    C98-940806-X

# ÉCRIVEZ-NOUS

Tous les moyens possibles ont été pris pour que les renseignements contenus dans ce guide soient exacts au moment de mettre sous presse. Toutefois, des erreurs peuvent toujours se glisser, des omissions sont toujours possibles, des adresses peuvent disparaître, etc.; la responsabilité de l'éditeur ou des auteurs ne pourrait s'engager en cas de perte ou de dommage qui serait causé par une erreur ou une omission.

Nous apprécions au plus haut point vos commentaires, précisions et suggestions, qui permettent l'amélioration constante de nos publications. Il nous fera plaisir d'offrir un de nos guides aux auteurs des meilleures contributions. Écrivez-nous à l'adresse qui suit, et indiquez le titre qu'il vous plairait de recevoir (voir la liste à la fin du présent ouvrage).

**Éditions Ulysse**
4176, rue Saint-Denis
Montréal (Québec)
H2W 2M5
http://www.ulysse.ca
guiduly@ulysse.ca

# SYMBOLES

| | |
|---|---|
| ≡ | Air conditionné |
| ⊛ | Baignoire à remous |
| ⊙ | Centre de conditionnement physique |
| 🛳 | Coup de cœur des auteurs |
| C | Cuisinette |
| ♯ | Moustiquaire |
| pdj | Petit déjeuner inclus dans le prix de la chambre |
| ≈ | Piscine |
| ℝ | Réfrigérateur |
| ℜ | Restaurant |
| bc | Salle de bain commune |
| bp | Salle de bain privée (installations sanitaires complètes dans la chambre) |
| △ | Sauna |
| ⊷ | Télécopieur |
| ☎ | Téléphone |
| tvc | Téléviseur |
| tlj | Tous les jours |
| ⊛ | Ventilateur |

## CLASSIFICATION DES ATTRAITS

| | |
|---|---|
| ★ | Intéressant |
| ★★ | Vaut le détour |
| ★★★ | À ne pas manquer |

## CLASSIFICATION DES HÔTELS

Les tarifs mentionnés dans ce guide s'appliquent, sauf indication contraire, à une chambre standard pour deux personnes, en haute saison.

| | |
|---|---|
| $ | moins de 30$ |
| $$ | de 30$ à 50$ |
| $$$ | de 50$ à 70$ |
| $$$$ | de 70$ à 100$ |
| $$$$$ | plus de 100$ |

## CLASSIFICATION DES RESTAURANTS

Les tarifs mentionnés dans ce guide s'appliquent, sauf indication contraire, à un dîner pour une personne, excluant le service et les boissons.

| | |
|---|---|
| $ | moins de 5$ |
| $$ | de 5$ à 10$ |
| $$$ | de 10$ à 20$ |
| $$$$ | de 20$ à 30$ |
| $$$$$ | plus de 30$ |

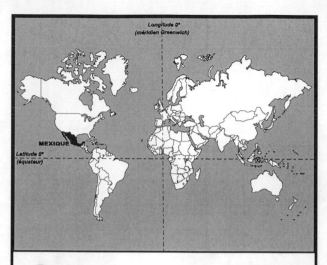

## Situation
## géographique
## dans le monde

**Mexique**
Capitale : México
Population : 85 700 000 hab.
Monnaie : peso mexicain
Superficie : 1 970 000 km²

© ULYSSE

## PORTRAIT

**D**u simple hameau qu'elle était encore il y a à peine
quelques décennies, Puerto Vallarta (prononcez
«Pouèrto Vayarta») ne tarda pas à devenir, plus d'un
siècle après sa fondation en 1851 par la famille Sánchez, une
station balnéaire mondialement réputée. Déjà aux premiers jours
de la colonisation du Mexique, les conquistadors qui entrepren-
nent d'explorer cette vaste région du Pacifique sise entre la mer
et la chaîne de montagnes de la Sierra Madre s'émerveillent
devant la beauté de ses paysages côtiers. Si, comme le
proclament ses amoureux, Puerto Vallarta apparaît comme un
joyau, il ne fait aucun doute qu'elle ne pouvait trouver plus bel
écrin que l'État de Jalisco (prononcez «Halisco»). Cette partie
du Mexique possède un riche passé historique. Les incessantes
fouilles archéologiques qui y sont entreprises révèlent aux
contemporains des fragments de culture espagnole ou autochtone, séculaire dans le premier cas, millénaire dans le second.

Les touristes jugent différemment Puerto Vallarta. Il y a d'abord
ceux qui l'ont connue à l'époque «préhollywoodienne», c'est-à-
dire avant que le tournage de *La Nuit de l'iguane* en 1963
(d'après une œuvre littéraire de Tennessee Williams), avec les
acteurs-vedettes Richard Burton et Ava Gardner, la rende
célèbre, puis ceux qui y viennent sans même s'interroger sur ce
qu'était, il n'y a pas si longtemps, ce paisible village côtier.
Néanmoins, même si la Puerto Vallarta de l'époque devait avoir
très certainement le charme d'un éden, les élans répétés des
constructeurs hôteliers ne l'ont pas enlaidie au point de la
rendre inintéressante. La cité balnéaire a conservé, même une

fois restaurée, ses vieux quartiers au cœur de la ville et, hormis d'inévitables erreurs architecturales en bordure de la mer, le développement hôtelier moderne s'est fait la plupart du temps hors du centre-ville : au nord de l'aéroport, autour de la marina de Vallarta, sur la route 200, menant vers Boca de Tomatlán au sud, et en périphérie nord, dans un quartier nouvellement aménagé qu'on a baptisé du nom de «Nuevo Vallarta» – ce récent arrondissement de Puerto Vallarta déborde dans l'État voisin, Nayarit.

Que de plus en plus de touristes ou de simples voyageurs adoptent Puerto Vallarta comme destination de vacances n'a rien d'étonnant puisque les Mexicains eux-mêmes, dès qu'ils ont l'opportunité de fuir leur environnement urbain, affluent en nombre vers cette éblouissante Riviera du Pacifique. Car, outre le fait que la fébrile ville côtière suscite un attrait irrésistible, c'est toute la région de Puerto Vallarta qui provoque auprès des visiteurs un engouement sans pareil... Qui vient une fois à Puerto Vallarta rêve toujours d'y revenir. Ce coin, pendant et après le tournage de *La Nuit de l'iguane*, a été témoin des amours idylliques – aussi passionnées que tumultueuses – du couple Richard Burton et Elizabeth Taylor. Leur séjour à Puerto Vallarta, où ils avaient choisi de faire leur nid, fit accourir tous les journalistes et échotiers de la presse internationale, lesquels, du même coup, contribuèrent largement à faire connaître l'endroit, plus particulièrement auprès des Américains.

## LA GÉOGRAPHIE

La république du Mexique, de son vrai nom les «États unis du Mexique», est un État fédéral constitué de 31 États plus un district (le district fédéral de México). Le pays le plus méridional du continent nord-américain a pour proches voisins le Guatemala et le Belize au sud, et les États-Unis d'Amérique au nord, avec qui il partage 3 363 km de frontières. Ses 12 000 km de côtes sont bordées à la fois par les eaux de l'océan Pacifique, de la mer de Cortés (golfe de Californie), du golfe du Mexique et de la mer des Caraïbes.

Le Mexique a une superficie de 1 972 547 km² et une population de 93 700 000 habitants (au recensement de 1994). Près de 217 000 km² du territoire mexicain se composent de terres cultivables.

La ville de Puerto Vallarta est située sur la partie occidentale de la côte de l'État de Jalisco, qui, pareil à un croissant dont les pointes seraient tournées vers l'océan Pacifique, est encerclé par les États de Narayit et de Durango au nord-ouest, de Zacatecas et d'Aguascalientes au centre-nord, de San Luis Potosí et de Guanajuato au nord-est, puis, fermant la boucle du centre au sud-ouest, par les États de Michoacán de Ocampo et de Colima.

PORTRAIT

L'État de Jalisco a une superficie de 80 836 km² et une population de près de 8 millions. Sa capitale, Guadalajara (prononcez «Guadalahara»), avec son bassin de population de 6 000 000 d'âmes, est la deuxième plus importante ville du Mexique. On estime à plus de 200 000 la population se répartissant tout autour de la grande enclave de la Bahía de Banderas (baie des Drapeaux), dont 123 560 à Puerto Vallarta, qui lui fait face; cette grandiose et majestueuse baie s'étend d'est en ouest sur 42 km et du nord au sud sur 32 km, ce qui en fait la plus grande baie naturelle du Mexique et l'une des plus vastes de la planète.

L'État de Jalisco est divisé en 12 régions distinctes : Norte, Valles, Sierra Occidental, Costa Norte (Puerto Vallarta), Costa Sur, Sierra de Amula, Altos Norte (Lagos de Moreno), Altos Sur, Cienega, Centro (Guadalajara), Sur (Ciudad Gúzman) et Sureste.

La Sierra Madre del Sur, une imposante chaîne de montagnes, traverse l'État de Jalisco. Puerto Vallarta se trouve encastrée entre les contreforts de ce massif montagneux et les vastes plages que baignent les eaux émeraude de l'océan Pacifique. Profitant d'un emplacement géographique idéal donnant sur un paysage magnifique, Puerto Vallarta bénéficie de ces atouts indéniables qui contribuent à attirer chaque année plus de deux millions de visiteurs.

L'État de Jalisco peut s'enorgueillir d'avoir dans son territoire le plus grand lac du Mexique : le lac de Chapala, dont une infime partie va du côté de l'État de Michoacán de Ocampo. Le lac de Chapala (Laguna de Chapala) a une superficie de 2 460 km² et se situe à quelque 1 500 m d'altitude.

## La géologie

Le Mexique a un relief aussi tourmenté que complexe, et le pays regroupe sur son territoire l'ensemble des formations géologiques de la partie occidentale du continent nord-américain. L'histoire raconte que, lorsque le roi Ferdinand d'Espagne demande à Hernán Cortés une description topographique du relief mexicain, celui-ci s'empara d'une feuille de papier et, après l'avoir froissée entre ses mains, la rendit au monarque avec comme seul commentaire : *«Voilà, Excellence!»*

De nombreux cours d'eaux, dont la puissance des courants ou des débits trop incertains empêche toute navigation, traversent ce pays aussi accidenté que montagneux. Les hautes terres du plateau central, qui constituent 60% du territoire mexicain, sont flanquées des chaînes de montagnes de la Sierra Madre Oriental et de la Sierra Madre Occidental. C'est dans le sud du pays que l'on retrouve la plupart des grands volcans du Mexique.

## LA FAUNE ET LA FLORE

Le Mexique a une faune et une flore des plus diversifiées. Cette biodiversité unique retient l'attention des savants du monde entier. Les biologistes trouvent au Mexique 15% de plus de vertébrés que dans le pays voisin (les États-Unis d'Amérique) de même qu'un autre 15% d'espèces animales et végétales qui ne se retrouvent dans nul autre coin du globe. On y dénombre près de 11 000 espèces d'oiseaux et quelque 1 500 espèces de mammifères terrestres et aquatiques, auxquels s'ajoutent les reptiles et les batraciens. La diversité des végétaux, toutes espèces confondues, atteint le chiffre impressionnant de 30 000.

## La faune

Le Mexique est le pays d'origine de la dinde (poule d'Inde) et du cobaye (cochon d'Inde), de même que le royaume du gracieux jaguar, du puma, du lynx, de l'ocelot, du tapir, de l'iguane, de la tortue, d'une multitude de serpents, entre autres le fameux

**Iguane**

boa constricteur, de l'aigle, du faucon, du coloré ara rouge, du perroquet et de nombreuses autres espèces.

Certaines espèces sont menacées. Le déboisement, la chasse, la pollution industrielle, la croissance démographique qui prolonge le tissu urbain jusqu'à des zones écologiques d'une grande fragilité, en sont les principaux responsables. Certains jardins zoologiques aménagés dans un environnement respectant à la fois l'environnement et l'habitat naturel des espèces apparaissent alors comme un moindre mal.

## La flore

Le climat tropical favorise l'exubérance de dizaines de milliers d'espèces végétales. Peu importe la région, le Mexique possède une flore bien particulière. Le pays recèle plusieurs espèces d'arbres souvent exploitées par l'industrie forestière. Du nombre, il y a le chêne rouge, le campêche, l'acajou, le santal, le bois de rose, le pin, l'eucalyptus, l'ébène, l'*aguacate* (ou avocatier) et le cèdre.

**Perroquets**

Il est d'ailleurs assez amusant de constater que la terre la plus aride puisse également abreuver les Mexicains. C'est en effet à partir de plusieurs variétés de cactus de la famille de l'agave que sont fabriqués la plupart des alcools populaires mexicains.

Parmi les nombreux végétaux originaires du Mexique, figurent le cacao, la capucine (cresson mexicain), le tournesol, la chayote, la vanille, l'alkékenge, la figue de Barbarie (fruit du cactus), la papaye, la goyave, l'avocat (*ahacatl* en aztèque) et le poinsettia. Avant même l'arrivée des conquistadors, la plupart des populations autochtones du Mexique connaissaient l'arachide, le maïs, la tomate ainsi que des centaines de variétés de piments, de courges, de courgettes et de haricots. L'agriculture a toujours joué un rôle important dans l'économie du Mexique, qui exporte au nord, vers les États-Unis, le Canada et le Québec, quantité de fruits et légumes, ainsi que des produits exotiques ou des primeurs potagères absentes sous nos latitudes durant la saison froide.

## L'aigle, emblème du Mexique

L'aigle, qui, juché sur un cactus, dévore un serpent, est l'emblème héraldique officiel du Mexique depuis 1821. La légende veut qu'une prophétie soit à l'origine de cet emblème national que l'on retrouve sur le drapeau, les timbres-poste, les pièces de monnaie, les édifices gouvernementaux et bâtiments publics, et un peu partout au Mexique. La prophétie, révélée par un dieu aztèque, promettait prospérité et gloire à l'endroit précis où l'on verrait apparaître un aigle dévorant un serpent sur un cactus ayant surgi du roc. Cela se produisit sur un îlot du lac de Texcoco.

En ce lieu, les Aztèques fondèrent Tenochtitlán (en langue aztèque *tetl* pour «roc» et *nochtli* pour «cactus»), la fabuleuse cité impériale que découvrirent les Espagnols et qui allait devenir México.

### La fabrication du cacao

Le cacaoyer, duquel on extrait le cacao, est originaire du Mexique. Les fleurs et les fruits du cacaoyer, contrairement aux autres arbres fruitiers, se développent autour du tronc, et non sur les branches. Le fruit, de forme ovale, est mieux connu sous le nom de «cabosse». Chaque cabosse contient des graines, que certains nomment «fèves»; on peut en dénombrer de 20 à 40 par fruit. Une fois les fèves extraites, commence un long processus. Les fèves sont d'abord mises à fermenter; cette opération permet d'en développer l'arôme. Ensuite, les graines (ou fèves) sont méticuleusement triées, ensuite lavées dans une centrifugeuse, puis séchées et torréfiées. Alors, les fèves sont broyées et deviennent le «grué». Ce «grué» se transforme en masse liquide et, à partir de cette matière, on procède à la fabrication du cacao.

Soumis à une pression de grande intensité, le «grué» devient compact, et une partie de la masse qui s'écoule lors de cette opération libère une pâte de cacao d'une teinte brun foncé; l'autre partie, le «gras», devient un beurre de cacao d'un blanc crémeux. Ce beurre entre dans la préparation du chocolat

## La petite histoire du chocolat

Les Aztèques préparaient une boisson sacrée, le *tchocolatl*, considérée comme un élixir des dieux. En 1519, à l'instant même où l'Espagnol Hernán Cortés découvre la fabuleuse cité de Tenochtitlán (l'actuelle México), l'empereur Moctezuma lui offre le fameux *tchocolatl*, lequel n'a pas encore le raffinement que nous lui connaissons aujourd'hui. L'histoire raconte que Cortés trouve cette mixture, rehaussée de cannelle, franchement infecte! Mais qu'est-ce qui pousse donc Cortés à adopter malgré tout le cacao? Imaginez, les Aztèques attribuent au chocolat la vertu d'approcher facilement les femmes. Ne nous demandons plus pourquoi les Espagnols s'entêtaient tellement à faire des «conquêtes»!

Cortés ne tarde pas à expédier du cacao au roi Ferdinand et à l'Espagne; c'est dans ce pays qu'on lui ajouta du sucre. Par la suite l'engouement du cacao se répandit rapidement à travers l'Europe.

blanc. Nul autre produit ne peut remplacer ces ingrédients indispensables à la fabrication du chocolat. L'utilisation de la lécithine, en remplacement du beurre de cacao, est une falsification éhontée.

## L'HISTOIRE

Puerto Vallarta donne sur la magnifique Bahía des Banderas (baie des Drapeaux), sur la côte pacifique du Mexique. Cette baie est bordée au nord par la chaîne des monts Vallejo, au pied duquel massif se trouve le village de pêcheurs de Punta Mita, et aboutit au sud à Cabo Corrientes, où se dressent les derniers contreforts de la Sierra del Cuale.

Les premiers Européens à y accoster furent, au XVIe siècle, des soldats espagnols qui, au retour de leurs expéditions en Basse-Californie (l'«île des Perles», comme ils l'appelaient alors), y faisaient escale pour se ravitailler en eau, en bois combustible et en nourriture fraîche. Ses côtes hospitalières et fertiles sont mentionnées à plus d'une reprise dans les documents de l'époque.

Dans ces temps de piraterie, il était indispensable pour les bateaux revenant des Philippines de trouver des havres sûrs. Il leur fallait aussi pouvoir faire escale pour réparer leurs navires et se réapprovisionner, et peut-être même (l'histoire ne le dit pas) pour dégourdir autant que pour réhabiliter les jambes des matelots après leur interminable traversée de l'océan Pacifique. C'est le capitaine espagnol Pedro de Unamuno qui, après son retour d'une expédition aux Philippines en 1587, suggéra le premier d'établir une colonie dans la baie. D'autres navigateurs célèbres tels que Sebastián Vizcaino, López de Vicuna et Gonzalo de Francia, ayant à leur tour vérifié les avantages de la baie, proposèrent, mais sans plus de succès, d'y implanter un poste de colonisation.

On sait qu'en 1664 s'y trouvait un chantier naval (probablement à l'emplacement actuel de Mismaloya) où deux bateaux furent fabriqués pour Bernardo Bernal de Pinadero, intéressé à coloniser l'île des Perles (Basse-Californie). Au cours des deux siècles suivants, documents officiels et livres de bord font de fréquentes références aux baleiniers et autres bateaux de pêche faisant escale dans la baie des Drapeaux. La baie était souvent appelée à l'époque «Bahía de los Jorobados» à cause de nombreuses baleines à longues nageoires qu'on pouvait y voir.

Au XIX\ :sup:`e` siècle, c'est à Puerto Vallarta, ou plutôt à «Las Peñas», comme on l'avait alors baptisée, que se faisait le chargement ou le déchargement des vivres et matériaux destinés aux compagnies exploitant les mines de Guale et de San Sebastián. Au milieu du siècle, Don Guadalupe Sánches Torres, né à Cihuatlán, dans l'État de Jalisco, commença ses livraisons régulières de sel aux mines de l'arrière-pays, qui en consommaient en grande quantité pour le raffinement de l'argent. Don Guadalupe et ses hommes se construisirent, avec des troncs d'arbre et des feuilles de palmier, des abris de fortune pour se reposer pendant qu'on déchargeait le sel, qui serait transporté à dos d'âne jusqu'aux mines.

En 1851, Don Guadalupe s'installa pour de bon avec sa famille à Las Peñas, qu'il appela «Las Peñas de Santa María de Guadalupe» en l'honneur de la Vierge de Guadalupe, dont c'était la fête le 12 décembre, jour de leur arrivée. D'autres familles suivirent son exemple et amenèrent peu à peu l'économie du village à se transformer. Le commerce du sel s'y continuait, auquel s'ajoutèrent peu à peu l'agriculture et l'élevage du bétail. On sait aussi qu'à l'occasion des bateaux allemands, français et anglais s'y arrêtaient à la recherche de bois du Brésil, dont on tirait des teintures appréciées en Europe. Dans son rapport destiné au Bureau hydrographique de la marine américaine, l'amiral américain George Dewey signale «*l'existence, à l'embouchure du Río Real, d'une petite ville appelée "Las Peñas", où les bateaux s'arrêtent pour en ramener des arbres à teintures*». En 1874, l'amiral retourna à bord du *Narragansett* pour observer, de Punta de Mita à Tabo ainsi qu'à un point proche de la plage de Los Muertos, la position des astres afin de procéder à la délimitation des sites et d'établir la carte du littoral. En 1880, Las Peñas compte déjà 1 500 habitants.

Cinq ans plus tard, le 14 juillet 1885 pour être exact, au moment où il s'ouvre au trafic maritime national, le port prend officiellement le nom de «Las Peñas». Le 23 du même mois y est inauguré le premier poste de douane et, le 31 octobre, le projet de loi 210, votée par le Congrès, lui confère un statut politique et judiciaire officiel.

Entre la fin du XIXe et le début du XXe siècle, Las Peñas ne cesse de croître, stimulée par l'effort collectif et par l'enthousiasme dont Don Guadalupe continue à faire preuve. Ses habitants n'en subiront pas moins à l'occasion les contrecoups de l'évolution de leur ville. En mars 1883, un raz-de-marée ravage la baie des Drapeaux. Le 6 mai 1888, le débordement d'une *olla* (casserole) de graisse bouillante, dans un restaurant installé sous un toit de palmes, provoque un incendie qui détruit plus de la moitié des maisons. En 1911, une inondation laisse plus de 1 000 personnes sur le pavé et, en 1922, une épidémie de fièvre jaune cause la mort de 150 habitants. Au cours de cette période, le village ne se transforma pas moins, peu à peu, en un centre économique viable. En mars 1914 s'y ouvrait le premier bureau de poste, suivi, six mois plus tard, de l'installation du télégraphe. En mai 1918, le décret n° 1889 (du gouvernement de l'État de Jalisco) élevait le port au rang de municipalité et, pour honorer la mémoire de Don Ignacio L. Vallarta, célèbre avocat et gouverneur de Jalisco, en changeait le nom en celui de «Puerto Vallarta», qu'elle porte depuis.

En 1925, à la suite de l'achat par la compagnie fruitière Montgomery de 28 000 ha de terrain à Ixtapa, Puerto Vallarta connut son premier boom économique grâce aux nombreux emplois offerts par l'exploitation commerciale de grandes plantations de bananiers. Cette compagnie construisit également un chemin de fer pour assurer le transport des bananes depuis Ixtapa jusqu'à l'estuaire d'El Salado, d'où les fruits partaient à destination des États-Unis. Cela dura jusqu'en 1938, année où le vote d'une nouvelle loi agraire allait forcer la compagnie à quitter le Mexique. On misa alors sur l'exploitation des ressources locales : culture du maïs, de fèves de toutes sortes, du tabac et d'une variété de noix de coco riche en huile, tous destinés à approvisionner le marché intérieur.

Vers 1930, des visiteurs partis d'autres parties du pays ou de l'étranger commencèrent à y venir... et à y revenir, attirés par la beauté du site et l'atmosphère paisible qui y régnait. Petit à petit, le bruit de ces avantages se répandit, lesquels allaient attirer chaque année un nombre de plus en plus grand de visiteurs.

En 1951, le centenaire de sa fondation attira sur Puerto Vallarta l'attention internationale. Des bateaux de la marine de guerre mexicaine vinrent d'Acapulco pour célébrer l'événement par une salve de 21 coups de canon; Puerto Vallarta reçut une relique de la «Vraie Croix», et Margarita Mantecón de Garza publia le premier livre consacré à l'histoire de la ville.

L'événement qui allait ouvrir tout grand les portes du progrès et de la renommée fut toutefois le tournage du film de John Huston, *La Nuit de l'iguane*, adapté de la pièce de Tennessee Williams et mettant en vedette des acteurs aussi célèbres que Richard Burton, Ava Gardner et Deborah Kerr. Les visiteurs affluèrent par milliers pour visiter les lieux du tournage et, avec un peu de chance, peut-être apercevoir l'un ou l'autre de ces monstres sacrés. La publicité apportée par le film et l'amélioration des moyens d'accès qui s'ensuivit mirent Puerto Vallarta en orbite. On y construisit bientôt des hôtels trois étoiles, et l'industrie du tourisme commença dès lors à remplacer l'exploitation des ressources agricoles comme principale source de revenus.

D'ailleurs, depuis le moment où le premier avion y atterrit en 1931, Puerto Vallarta n'a pas arrêté de se transformer. On y trouve aujourd'hui des hôtels de toutes catégories, allant de l'auberge familiale à prix abordable aux plus luxueux établissements de prestige. De nombreuses compagnies aériennes, nationales et internationales, la relient aux principales villes des États-Unis, du Canada, du Québec et d'Europe. Le port voit arriver chaque jour des paquebots de croisière; la nouvelle marina accueille, quant à elle, les bateaux de plaisance, tandis qu'un excellent réseau routier mène à Tepic, à Guadalajara et dans le reste du pays. Le nombre de ses habitants s'est accru de façon impressionnante, passant entre 1964 et 1996 de 12 500 à plus de 125 000 (avec ses bourgs environnants).

Une importante colonie étrangère, composée surtout d'Américains, de Canadiens, de Québécois et d'Européens, y réside presque à longueur d'année et contribue fortement à l'animation de la vie locale. Le climat de Puerto Vallarta, comme peuvent le constater les visiteurs, est agréable en tout temps. La température maximale oscille autour de 28°C et, sauf pendant la saison des pluies, qui va de la mi-juin à la mi-septembre, le soleil brille tous les jours.

La ville est entourée d'endroits merveilleux pour aller pique-niquer ou même prolonger son séjour dans de confortables hôtels pour «oublier tout le reste». Les excursions les plus prisées sont celles qui mènent, en longeant la côte, à Bucerias, Mismaloya, Quimixto et Yelapa.

Avec le gouvernement des États de Jalisco et de Nayarit, et des entreprises privées, le gouvernement mexicain a mis sur pied un important plan de développement de l'industrie touristique de toute la région de la baie des Drapeaux.

C'est à Puerto Vallarta qu'a lieu chaque année, pendant la première semaine de novembre, le Tournoi international de pêche en haute mer, un événement des plus réputés auquel participent des amateurs passionnés venus de tous les coins du Mexique, des États-Unis et d'ailleurs. Puerto Vallarta est aussi le lieu privilégié de nombreux congrès, séminaires, conférences et rencontres de haut niveau. L'une des plus importantes de ces rencontres fut sûrement celle qui, en août 1970, a réuni le président mexicain Gustavo Díaz Ordaz et Richard Nixon, alors président des États-Unis d'Amérique. L'année 1970 vit également l'inauguration de la gare maritime et du nouvel aéroport, tous deux constamment améliorés et élargis sous la pression d'une demande sans cesse croissante.

Continuant sur cette lancée, Puerto Vallarta offre aux investisseurs, hommes d'affaires et touristes, une gamme infinie de possibilités. La ville est devenue, en tant que destination vacances, l'un des lieux favoris du monde entier.

## LA POLITIQUE

Le Mexique est une république présidentielle constituée de 31 États et d'un district fédéral (México). La Constitution de 1917, dont les bases ont été jetées par les constitutionnalistes Venustiano Carranza et Alvaro Obregón, en est une d'inspiration socialiste. Le président de la République reçoit un mandat de six ans; les représentants du Congrès de la fédération et de la Chambre des députés se font élire aux trois ans, et ceux du Sénat, aux six ans.

L'Institut fédéral électoral (IFE) est un organisme indépendant qui a le mandat d'organiser les élections au Mexique. Cinq partis politiques reconnus peuvent participer au scrutin national : le Parti de l'action nationale (PAN), le Parti de la révolution démocratique (PRD), le Parti révolutionnaire institutionnel (PRI), le Parti du travail (PT) et le Parti vert écologiste mexicain (PVEM).

## L'ÉCONOMIE

Selon les dernières statistiques, l'économie du Mexique connaît une croissance remarquable, et le programme de réformes économiques autant que le redressement des politiques fiscales et monétaires du président Ernesto Zedillo ont permis au pays de surmonter la crise et de poser des bases solides pour la croissance économique à long terme. Ainsi, durant le quatrième trimestre de 1996, le produit intérieur brut (PIB) a enregistré une croissance de 7,65% en termes réels par rapport à la même période de 1995. Dès lors, le PIB global en 1996 a présenté une croissance de 5,1% par rapport à 1995. Quant aux exportations mexicaines, elles ont atteint, en décembre 1996, un montant de 8,4 milliards de dollars américains – soit

24,6% de plus qu'en décembre 1995. Du côté des importations, celles-ci ne cessent d'augmenter; elles se chiffrent – en décembre 1996 – à 8,1 milliards de dollars, soit une augmentation de 28,8% par rapport à la même période de 1995. Conséquence de cette reprise économique, le taux de chômage ouvert était de 4,1% de la population économiquement active, soit le taux le plus bas depuis ces dernières années. La baisse de l'inflation est un autre des effets bénéfiques de cet élan économique. En janvier 1996, l'Indice national des prix à la consommation (INPC) a augmenté de 2,57% par rapport au mois de décembre 1995.

Le pétrole, malgré la baisse des revenus pétroliers, demeure l'une des grandes richesses du Mexique; le sous-sol du pays recèle aussi d'importants filons de fer, d'argent, de cuivre, d'or, de charbon, de plomb, d'uranium et de zinc, dont certains sont exploités par des compagnies minières sous le contrôle de l'État. Depuis l'accession du Mexique à l'Accord de libre-échange nord-américain (ALÉNA), le pays enregistre une croissance de ses exportations vers les États-Unis, le Canada et le Québec surtout des produits manufacturés et agraires. La production bovine et la culture du maïs sont surtout destinées au marché national. Parmi les principaux produits agricoles, on trouve le maïs, le café, le soja, le sorgho, les haricots et les tomates. En ce qui concerne l'élevage, en 1993, le Mexique se glissait au 10ᵉ rang parmi les pays producteurs de viande au monde. La longueur des côtes mexicaines favorise également la pêche, autre activité importante de l'économie. Là encore le Mexique se hisse au 10ᵉ rang mondial pour sa production de pêche. L'industrie touristique est un autre apport important dans l'économie du Mexique.

Outre le tourisme, qui, grâce à la fameuse station balnéaire de Puerto Vallarta, contribue à 54% de l'économie totale de la région de Costa Norte, cette partie de l'État de Jalisco en est une essentiellement agricole – comme en témoignent ces quelques chiffres (en tonnes par hectare) des récoltes produites :

| | |
|---|---|
| Maïs en grains : 3 298 | Papayes : 51 |
| Haricots : 1 903 | Noix de coco : 17 |
| Pastèques : 617 | *Nanches* (petits fruits |
| Mangues : 200 | jaunes) : 10 |
| Bananes (plantains) : 65 | |

À cette économie agricole, s'ajoute, drainant des revenus de quelques dizaines de milliers de pesos à leurs producteurs, l'élevage du bœuf, du veau, du porc, de la volaille ainsi que de la vache laitière.

## LES COMMUNICATIONS

Le Mexique dispose de 243 785 km de routes (autoroutes et routes nationales) et de 26 613 km de voies ferrées. Il existe 50 aéroports internationaux et 33 nationaux, et, le long des côtes, s'activent 140 ports maritimes. Enfin, près de 9 millions de lignes téléphoniques sont en usage au pays.

## LA POPULATION

Le peuple mexicain se compose de *mestizos*, aux origines à la fois amérindiennes et européennes, pour près de 60% de la population, de même que d'autochtones et d'Européens, qui en représentent respectivement 30% et 10%. Outre une forte croissance démographique, le Mexique connaît un fort exode de ses populations rurales vers les villes.

### La langue

L'espagnol est la langue officielle du Mexique, mais, dans certaines régions, de nombreuses langues amérindiennes sont couramment parlées par d'importantes couches de population locale.

Le Mexicain apprécie le visiteur qui fait l'effort de lui parler dans sa langue : l'espagnol. Cette attitude suscite un véritable climat de sympathie qui débouche souvent sur une amitié sans réserve.

### L'éducation

La Constitution mexicaine garantit la liberté de croyance, et l'enseignement doit être laïque. L'enseignement de base

comprend neuf années de scolarité obligatoire (primaire et secondaire). L'enseignement de l'État est gratuit, et 27,8 millions d'élèves sont inscrits dans le système d'éducation national, à savoir que 92% de la population en âge scolaire a accès aux installations scolaires. L'énorme effort éducatif du gouvernement mexicain prévoit disposer d'un budget équivalent à 6% du PIB et effectuer une grande tâche bibliothécaire qui se concentre principalement sur la distribution annuelle de manuels scolaires gratuits pour les niveaux de l'enseignement primaire.

## La santé

En 1995, on dénombrait, pour 100 000 habitants, 113,4 médecins, 187,2 infirmières et 85,3 lits d'hôpital.

## La religion

Au Mexique, la religion catholique porte de fortes empreintes aztèques. Aux premiers jours de la Conquête, les envahisseurs (*conquistadores*) réduisirent à néant les temples amérindiens, en construisant sur leurs ruines des temples chrétiens, afin d'imposer les «nouvelles» croyances religieuses. Mince consolation, les autochtones purent conserver certains chants religieux, en autant que ces suppliques soient adressées au Christ ainsi qu'aux «vrais» saints et saintes de l'Église catholique romaine. En revanche, nombreux sont les autochtones qui virent en Jésus la réincarnation de Quetzalcoatl – leur Être suprême. Aussi, pour plusieurs autres, ce n'est pas la colonisation espagnole qui a donné la religion catholique aux autochtones, mais bien la Vierge de Guadalupe. L'histoire de la patronne nationale commence par une apparition qu'elle a voulu réserver à un authentique fils du pays, Juan Diego, originaire de Tepeyac, à environ 5 km au nord de Zocalo.

Le phénomène surnaturel se produisit le 8 décembre de l'année 1531, alors que, de bon matin, un paysan aztèque fait route pour assister à la messe à l'église de Santiago de Tlatelolco. Chemin faisant, en passant à proximité de la colline de Tepeyac, Juan Diego entend une douce musique, puis une voix qui lui demande dans sa langue, le nahuatl : «*Mon fils Juan, où vas-tu ainsi?*» Surpris, il se retourne et aperçoit soudain la colline enveloppée d'une lumière éblouissante... «*Je m'en vais à la messe*», répondit-il en se dirigeant vers le morne d'où provenait cette voix tellement rassurante. C'est là, sur le faîte de la butte, que Juan aperçoit une dame qui lui dit être «*Marie, la Vierge immaculée*» – plus de 300 ans avant l'apparition de la Vierge de Lourdes, en France, à la petite Bernadette Soubirous! Ce jour fut le premier d'une série d'apparitions de la Vierge à Juan Diego, et la première sur ce continent que les Européens nomment sans scrupule le «Nouveau Monde».

À la première apparition, Marie confie à Juan Diego qu'elle se veut la Protectrice du peuple amérindien et demande qu'en ces lieux lui soit édifiée une chapelle. Dans les jours qui suivent, Juan Diego entreprend auprès de l'évêque de México, Juan de Zummarraga, des démarches afin que le vœu de la Vierge soit exaucé. D'abord stoïque au cours de l'entretien, le prélat suggère ensuite à Juan qu'il exige de sa soi-disant «Vierge» les preuves confirmant son authenticité, ce que fit le paysan lors de la deuxième apparition. Après s'être entretenue avec Juan Diego, la Vierge lui dit de porter toutes les roses, qu'elle vient de faire apparaître sur place, au crédule archevêque. Remplissant sa toge à pleine capacité de ces odoriférantes et miraculeuses roses, l'Aztèque retourne sans plus tarder à México. Là, devant l'évêque médusé, il laisse choir une pluie de roses comme on en a jamais vu. Plus encore, sur la toge du paysan, apparaît le portrait de la Vierge, qui plus est, avec les traits et le teint d'une autochtone. Juan de Zummarraga ne peut qu'acquiescer à l'exigence de Juan, soit de construire une chapelle dédiée à la Vierge, donnant ainsi au peuple amérindien un lieu de culte à leur protectrice ô combien vénérée depuis partout au pays.

La patronne du Mexique est donc une Vierge on ne peut plus amérindienne, et Notre-Dame de Guadalupe, un produit mythique purement national. Néanmoins, le système politique mexicain est laïque. Il fallut attendre la dernière visite officielle du pape Jean-Paul II pour que ce pays à 95% de confession catholique romaine se décide enfin à nouer des relations diplomatiques avec le Vatican, l'État mexicain demeurant jusqu'à ce jour le seul pays hispanophone des Amériques à ne pas en entretenir.

# LA CULTURE

Des principales civilisations qui se succédèrent sur le territoire actuel du Mexique depuis le premier millénaire avant Jésus-Christ, à savoir les Olmèques, les Mayas, les Toltèques et les Aztèques, auxquels il échut de «recevoir» les Espagnols, toutes avaient su établir un calendrier, toutes possédaient des structures sociales liées à leurs traditions religieuses, toutes savaient construire des monuments et toutes avaient des pratiques artisanales élaborées. Leurs prêtres, à la fois artistes et savants chez les Olmèques (1200-200 av. J.-C.), connaissaient le concept du zéro et firent les plans d'imposants édifices. Les Mayas, venus du sud, dont l'influence perdura jusqu'à leur décadence au XVᵉ siècle, disposaient de systèmes mathématiques et astrologiques complexes, et laissent en témoignage les nombreuses villes qu'ils habitèrent. Les Aztèques, venus du nord, fondèrent en 1325 la ville de Tenochtitlán (México), qui allait, avec ses temples et ses pyramides, tant impressionner les Espagnols.

D'autres groupes plus restreints vinrent aussi s'établir dans diverses parties du territoire, dont la topographie (hauts plateaux parsemés de volcans, montagnes difficilement accessibles, rivières au cours capricieux) leur permit de subsister à l'écart des tentatives de fusion opérées par les puissants empires qui précédèrent l'arrivée des Espagnols, les *conquistadores*.

De tout temps, la géographie morcelée du pays imposait une forme d'autarcie à l'ensemble des peuples indigènes. Cet état de fait renforçait leurs cultures respectives tout en les protégeant d'éventuelles invasions ou dominations. Ces anciennes cultures, à défaut d'avoir été assujetties, surnagent encore de façon éclatante et, miroirs d'un passé toujours présent, font surgir des doutes chez les intellectuels et les écrivains contemporains qui s'interrogent toujours autant sur leurs origines et leurs devenirs.

Parmi ces peuples qui demeurent présents dans l'éventail ethnique mexicain actuel, on distingue les Huicholes, qui, même s'il n'en reste guère aujourd'hui que 10 000, maintiennent vivant leur solide héritage.

## La culture huichole

La Bahía de Banderas, la «baie des Drapeaux», ainsi nommée d'après les étendards que déployaient les guerriers espagnols, ressemble sur la carte à un perroquet. Cette baie abrite, dans sa partie la plus protégée, la ville de Puerto Vallarta; les autochtones qui l'habitent sont principalement des Huicholes, en plus de quelques Coras (voir p 30). À l'extrémité nord du «bec» se trouve Punta Mita, dont l'appellation vient de *mitlan*, mot qui, à cette époque où l'on n'imaginait pas qu'il puisse exister d'autres terres au-delà de l'océan, signifie dans leur langue «la fin du monde et le départ vers l'inconnu»; les Huicholes viennent encore aujourd'hui y célébrer leur mariage.

Plutôt timides, les Huicholes vivent par petits groupes, ici ou disséminés à l'intérieur de l'État, dans des maisons aux murs d'adobes (briques de terre séchées au soleil) et au toit couvert de chaume. Ces maisons ne comportent qu'une seule porte et peu ou pas de fenêtres, les murs conservant la fraîcheur en été et les protégeant du froid en hiver. Ils cultivent le maïs et tirent de la vente de leurs travaux d'artisanat les utiles pesos qui ont, dans le Mexique moderne, remplacé chez eux les fèves de cacao comme monnaie d'échange.

Grâce à leur isolement, leur art a conservé sa pureté originelle, et le gouvernement de l'État de Jalisco a contribué largement à sa diffusion. Cet art se caractérise par l'exubérance et l'audace de ses couleurs, ainsi que par une stylisation en parts égales de notions abstraites et de forces inspirées de la nature, réunies sans volume ni perspective sur un seul plan.

Leur façon particulière d'alterner les fils de laine de couleur sur des panneaux de bois enduits de cire confère à leurs fameuses tables votives un caractère unique. Quant à leurs costumes, il ne faut pas s'étonner que ceux des hommes soient plus élaborés que ceux des femmes, car ils symbolisent la place qu'occupe celui qui les porte dans la hiérarchie religieuse et donnent le droit, à son plus haut degré, d'arborer des plumes d'aigle ou de perroquet. Dans leur production courante, on remarquera, pour les hommes, de petites bourses richement brodées et des chapeaux en feuilles de palmier et, pour les femmes, des foulards aux franges ornées de perles qu'elles dénomment *quechquemitl*.

Les Huicholes ont gardé vivante la tradition du pèlerinage annuel sur les lieux où pousse le *peyotl*, un cactus croissant à l'état sauvage dans les montagnes de l'arrière-pays, plus précisément à Viricota, près de Real de Catorce, sur le territoire de San Luis de Potosí. Dans l'espoir d'entrer en communication avec leurs dieux, ils vont mâcher ce cactus lors de cérémonies au rituel immuable d'où jaillira, selon le poète Henri Michaux, qui en a décrit les effets dans *Connaissance par les gouffres*, «*l'orchestre de l'immense vie intérieure magnifiée*». L'aller-retour du pèlerinage du prêtre et des officiants qui l'accompagnent dans cette zone désertique où les moyens de transport sont rudimentaires s'effectue en 40 jours. Le site, il va sans dire, est pour les Huicholes un lieu sacré, et chacun d'entre eux doit, au moins une fois au cours de son existence, participer au pèlerinage qui y mène.

C'est à l'acuité visuelle développée lors de l'absorption du *peyotl* que l'on attribue les couleurs fascinantes de leur art. Perfectionné par des siècles de tradition religieuse, culturelle et sociale, cet art est devenu une vivante source d'inspiration à l'échelle nationale, comme en témoigne par exemple l'emblème des Jeux olympiques de México en 1968.

«*Le Huichol est par nature écologiste. Les dieux qu'il révère, déesses de l'eau et du maïs, dieux de l'air ou de la pluie, personnifient les phénomènes naturels*», se plaît à dire un descendant de cette ethnie, M. Delgado-Ramírez, secrétaire technique du Parti révolutionnaire institutionnel (PRI) et ex-consul général du Mexique à Montréal. «*Quand un Huichol danse, ajoute-t-il, c'est avec douceur qu'il tape du pied, comme pour caresser la terre.*»

La galerie Arte Mágico Huichol (voir p 179,182), à Puerto Vallarta, présente en permanence leurs travaux. L'écrivain Intermai Pacheco Salvador s'intéresse aux légendes autochtones et a entrepris de recueillir les contes huichols, dont il envisage la publication en édition bilingue; il s'efforce de transposer cette langue hiéroglyphique millénaire dans un alphabet familier. C'est donc là un ouvrage fort attendu par ceux et celles qui s'intéressent de près à la culture huichole.

## Les autres apports culturels

Quelques rarissimes Coras habitent l'État de Jalisco. Le peuple Cora, au nombre d'environ 15 000, se terre en partie dans les hautes montagnes reculées de la Sierra Madre Occidental, dans l'État de Nayarit. On en trouve également beaucoup plus au nord, principalement autour de Los Carcos, un bourg de l'État de Durango qui n'apparaît sur aucune carte géographique. Fortement attachés à leurs traditions et farouchement opposés à toute ingérence extérieure, les Coras ont pu échapper à l'évangélisation chrétienne. S'ils vénèrent toujours leurs dieux, et qu'à peine quelques dizaines sont convertis au catholicisme, les Coras se doivent de combattre les récentes «invasions» des très tenaces prêcheurs étasuniens qui s'entêtent à venir leur annoncer la «bonne parole»!

La culture huichole et celle des Coras ne sont toutefois pas les seules présentes à Puerto Vallarta. L'église de la Vierge de Guadalupe, bien qu'elle ne date que du début du siècle, illustre assez fidèlement l'architecture pratiquée depuis l'arrivée des Espagnols et l'implantation du catholicisme. Elle est consacrée à la sainte patronne du Mexique, la Vierge de Guadalupe, que l'on fête le 12 décembre. Vierge au teint sombre apparue à Juan Diego sur la colline où les Aztèques célébraient Tonantzin, la mère de leurs dieux, elle est le symbole de l'osmose entre les deux religions. L'église est surmontée d'une couronne qui évoque, disent certains, celle de l'impératrice Charlotte, épouse du malheureux empereur Maximilien.

Le flâneur du Malecón, cette longue promenade en bordure de la mer, croisera plusieurs sculptures contemporaines, dont la plus célèbre, un bronze représentant un *caballito de mar* (hippocampe de mer) chevauché par un enfant nu, mesure près de 3 m. De plus, une fresque de Manuel Lepe, évoquant dans un style naïf l'histoire de Puerto Vallarta depuis sa fondation, orne les marches de l'hôtel de ville.

Fresques et peintures d'un style généralement plein de fraîcheur abondent dans nombre de restaurants de la ville. La couleur est en effet un élément culturel utilisé en abondance dans le décor quotidien.

## L'écrivain Mariano Azuela

Le plus célèbre écrivain originaire de l'État de Jalisco demeure Mariano Azuela, né à Lagos de Mareno en 1873. Après ses études en médecine à l'université de Guadalajara, le jeune Azuela choisit d'abord de pratiquer sa profession dans sa ville natale.

C'est en 1896 que Mariano Azuela – il n'a alors que 23 ans – publie ses premiers essais littéraires. Il ne tarde pas à se faire connaître et, ses écrits s'inspirant du grand volet historique de son temps, devient pour plusieurs de ses compatriotes *«le plus grand des nouvellistes de la Révolution mexicaine»*. Comme beaucoup de jeunes de sa génération, Azuela combattit la dictature du général Porfirio Diaz, qui, après s'être emparé du pouvoir en 1876, se maintient en place jusqu'en 1911. La même année, Mariano Azuela accède à la direction du ministère de l'Éducation de l'État de Jalisco, puis, lorsqu'en 1913 son ami Francisco Madero est assassiné par les partisans du contre-révolutionnaire Victoriano Huerta (Madero avait libéré le pays du joug de Díaz), il se joint aux troupes de Pancho Villa en qualité de médecin militaire. C'est une période agitée pour le Mexique. L'assassinat de Madero provoque la guerre civile et suscite une intervention militaire des États-Unis (1914-1917), tandis qu'au même moment, au sud du pays, se propage la révolution agraire d'Emilio Zapata. Idéaliste et humaniste, Mariano Azuela est déçu de la tournure des événements. Il traverse la frontière et se réfugie au Texas. C'est à El Paso, où il séjourne jusqu'en 1924, qu'il écrit *Los de abajo* (Ceux d'en bas). Ce n'est que neuf années plus tard que le public proclamera cette œuvre de Mariano Azuela comme le plus grand ouvrage consacré à la Révolution.

Après son retour d'exil, Mariano Azuela s'installe à México, où il reprend l'écriture tout en prodiguant ses soins aux infortunés de la capitale mexicaine. Il y meurt en 1952.

## L'archéologie

Habitée depuis près de 20 siècles, la Bahía de Banderas tout entière est riche en trésors huichols, coras et autres. D'importantes fouilles sont effectuées de façon méthodique dans l'État de Jalisco pour préserver les nombreuses traces du passé de cette région qui aurait compté jusqu'à 100 000 habitants avant l'arrivée des Espagnols. On a découvert des vases funéraires, des têtes en céramique, des objets domestiques, des bijoux et des armes, entre autres des pointes de flèche. À Puerto Vallarta, le Museo del Cuale, situé sur une île au centre de la rivière du même nom, en expose un assortiment qui, quoique modeste, mérite une visite. Ce musée, comme ceux plus importants de Guadalajara et de Tepic, relève de l'Institut national d'anthropologie et d'histoire.

## La culture : pour en savoir davantage

Le romancier Carlos Fuentes exprime particulièrement bien ce sentiment d'interrogation qu'éprouvent les intellectuels mexicains envers le passé. Il faut lire entre autres son essai, *Tiempo mexicano*.

Le poète récemment disparu Octavio Paz, Prix Nobel de littérature en 1990, évoque aussi ces thèmes dans *Pierre de soleil* (Éditions Gallimard, Paris).

L'écrivain français Jean-Marie Le Clézio, familier du Mexique, est l'auteur de *Relation de Michoacán* (Éditions Gallimard, Paris).

La revue trimestrielle *Ruptures*, en vente dans les pays francophones, est consacrée aux trois Amériques.

## LA CUISINE FAMILIALE

Sur la *calle*, Basilio Badillo Juan Sosa et Hildebia Avalos tiennent le Café de Olla. Le Mexicain adore les soupes à base de bouillon de poule garnies de riz, légumes, viande, maïs, etc. Cet établissement en fait d'excellentes, et ses plats sont authentiques. On y prépare toutes les versions de la *tortilla* (galette de maïs constituant la base de l'alimentation quotidienne). La *tortilla* se mange nature, prend le nom de *taco* une fois garnie de *guacamole* (purée d'avocats), de sauce aux tomates vertes ou rouges, de piments, de laitue ou de poulet. Au Café de Olla, les *tortillas* farcies, cuisinées ou gratinées, deviennent *enchiladas*, puis *quesadillas* quand elles se préparent en sandwichs. Enfin, il ne faut pas confondre *tacos*, des croustilles, et *tostadas*, des *tortillas* frites servies en amuse-gueule à l'apéritif.

Dehors, on grille sur le barbecue viandes, poissons et fruits de mer. Parmi les autres délices de la maison : le poulet ou le bœuf cuit dans une feuille de bananier (*tamal en hoja de platano*) et les piments (*jalapeños*) farcis et gratinés au fromage.

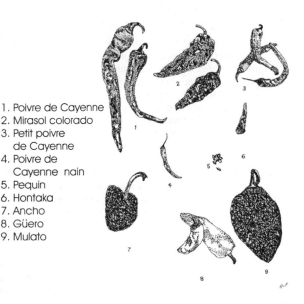

1. Poivre de Cayenne
2. Mirasol colorado
3. Petit poivre
   de Cayenne
4. Poivre de
   Cayenne nain
5. Pequin
6. Hontaka
7. Ancho
8. Güero
9. Mulato

*Piments*

## Cuisine traditionnelle

La terrasse de La Palapa (voir p 155) domine la plage de Los Muertos, où l'on peut manger les deux pieds dans le sable chaud. Ce site idéal demeure l'endroit rêvé pour le *desayuno*, ou petit déjeuner mexicain. Les *huevos divorciados*, une copieuse assiette matinale, se composent de deux œufs poêlés, déposés sur des *tortillas*, qu'accompagnent une sauce aux tomates vertes et rouges, une purée de haricots rouges et une purée d'avocats (*guacamole*). Alberto Pérez Gonzáles, le gérant de La Palapa, chante en jouant de la guitare. Si près de l'océan, le client aime déguster poissons frais et fruits de mer. La maison les apprête de toutes les façons.

## Cuisine créative

La vitalité artistique du Mexique éblouit le visiteur, et sa cuisine enchante ses papilles. Deux chefs contribuent à la réputation gourmande de Puerto Vallarta. Thierry Blouet, du Café des Artistes (voir p 151), sur la Calle Guadalupe Sánchez, et Roger Dreier, du Chef Roger (voir p 149), sur la Calle Agustín Rodríguez, explorent tout ce que le pays a de beau et de bon à offrir. Il en découle des saveurs inusitées qui, tout en respectant la gastronomie mexicaine, lui apportent un vent de renouveau.

Quand le chef Blouet prépare une salade de crabe à l'avocat rehaussée d'une vinaigrette à la mangue et au cumin, le tout s'avère aussi harmonieux et mexicain que sa crêpe farcie à la fleur de citrouille, au maïs et au fromage qu'accompagne une sauce aux piments de Puebla. Ses recettes témoignent de son habileté et de sa contribution à la cuisine mexicaine moderne.

Le chef Dreier aime innover. Son fumet aux mûres de Chihuahua et sa dorade aux crevettes géantes nappée de sauce hollandaise relevée d'un fumet de langouste en sont des exemples.

## Balade gourmande à Puerto Vallarta

Les eaux de la poissonneuse Bahía de las Banderas fournissent à Puerto Vallarta des poissons et fruits de mer d'une fraîcheur sans pareille. Ce port du Pacifique de 300 000 habitants attire des artistes qui ornent de fresques, murales, fontaines et sculptures les restaurants, jardins et parcs de la ville. À Puerto Vallarta, où les élégantes galeries d'art voisinent avec les restaurants, le talent des chefs rivalise avec celui des grands maîtres.

Une tournée des restaurants de Puerto Vallarta permet de se familiariser avec la gastronomie du pays en goûtant ici une fine cuisine, là des mets familiaux. Le marché étale maints produits déjà utilisés par les populations autochtones de la partie tropicale du continent, dont les Aztèques, depuis le Mexique jusqu'au Pérou, lieu d'origine, entre autres, de la pomme de terre. Les Espagnols firent ensuite connaître au monde ce tubercule, de même que la patate douce, l'avocat, le haricot, le maïs, la courge, le piment, la tomate, le poivron, l'arachide, l'ananas, le cacao, la vanille et la poule d'Inde (dinde), laquelle étendait son habitat aussi loin que sur la côte atlantique, dans le nord-est de l'Amérique du Nord, aux environs de la Nouvelle-Angleterre. D'autres producteurs fournissent volailles, agneaux, bœufs, porcs et chèvres.

## Le vin mexicain

En introduisant la vigne au Mexique dès le XVIe siècle, les Jésuites en font le premier vignoble en Amérique du Nord. Il est vrai que le territoire mexicain d'alors possède des zones climatiques plus tempérées, lesquelles régions englobaient jusqu'au milieu du XIXe siècle, année de leur annexion aux États-Unis, la grande superficie des États de la Côte Ouest américaine : Texas, Californie, Nouveau-Mexique, Arizona, Utah, Nevada, ainsi qu'une vaste partie du Wyoming et du Colorado.

Le climat tropical n'est pas des plus propices à la culture de la vigne et, hormis la production de raisins de table, l'importance de la viniculture compte pour une quantité négligeable dans l'industrie agricole et dans l'économie du pays. Néanmoins, certaines régions sises en altitude, et même dans la péninsule de la Basse-Californie, arrivent à produire des vins qui, sans nécessairement être de grands crus, sont tout à fait honnêtes. À son Café des Artistes (voir «restaurants», p 151), à Puerto Vallarta, le chef Thierry Blouet se fait un plaisir de faire découvrir aux amateurs les meilleurs vins du terroir mexicain. Quelques-uns de ces vins sont d'une qualité assez exception- nelle, comme le rarissime cabernet-sauvignon des terres sèches de la Basse-Californie, qu'il ne faut pas hésiter à goûter.

---

## Les alcools nationaux

---

Partout dans les bars, cafés, restaurants et épiceries du Mexique, vous trouverez des eaux-de-vie et liqueurs produites dans les différentes régions du pays.

---

### *Mezcal*

---

Le *mezcal* s'obtient par la distillation d'un jus obtenu lors du broyage de la base ou de la tête de l'agave; cette substance, mise à fermenter avant distillation, se nomme *maguey*. L'agave, cette plante grasse dont les feuilles élancées ont la forme d'épées, est également utilisée dans la préparation de la *tequila*. La particularité du *mezcal*, d'une belle teinte dorée, est de contenir dans sa bouteille l'un des petits vers blancs qui se trouvent à la base des longues feuilles pointues de l'agave, dont une sert de réservoir d'eau à la plante. Le *mezcal* est fabriqué dans l'État d'Oaxaca. Parmi les marques les plus réputées, il y a le *De Minas* et le *Cordón*.

Le *mezcal* se sert tel quel ou, comme pour la *tequila*, entre dans la préparation de cocktails, dont la fameuse *margarita*.

## Liqueur de café (Kalhúa)

Fabriqué à l'origine au Mexique, le Kalhúa fait à partir de grains de café, est désormais universellement connu et fait même l'objet d'une fabrication européenne.

## *Pulque*

Le *pulque* a une faible teneur en alcool, mais il a la saveur forte d'un fruit défraîchi, et même d'une vieille pomme. Cette boisson fort prisée dans les campagnes se vend pour quelques pesos à peine. C'est sans doute en raison de son goût trop prononcé que peu d'étrangers apprécient vraiment le *pulque*, lequel s'obtient cette fois à partir des gros bourgeons d'une des nombreuses variétés d'agaves.

## Rhum

Comme dans tous les pays tropicaux producteurs de canne à sucre, on trouve au Mexique des rhums de toutes les appellations et de toutes les qualités. Ces rhums ne sont pas aussi réputés que ceux produits dans les Antilles françaises, à Cuba et en Haïti. Leur qualité étant moindre, vous pourrez tout de même goûter l'une ou l'autre marque proposée au bar de votre établissement hôtelier pour le simple plaisir de la dégustation. Le préposé au bar sera sans doute en mesure de vous suggérer les meilleurs rhums locaux ou nationaux.

## *Tequila*

La *tequila* emprunte son nom d'une ville de l'État de Jalisco où elle est fabriquée. C'est sans contredit l'alcool national du Mexique. La populaire *tequila* s'obtient à partir de la fermentation des racines broyées d'une autre espèce d'agave, puis de sa distillation. Le Mexicain préfère boire sa *tequila* de la manière suivante : il prépare des quartiers de citron vert, dépose ensuite un peu de sel dans le creux situé entre l'index et le pouce d'une de ses mains. Puis le buveur porte le sel à sa bouche, ensuite une rasade de *tequila*, qu'il cale d'un coup sec, et termine en mordant dans un quartier de lime.

Parmi les grandes marques de *tequila*, mentionnons Sauza, Hornitos, Pierro, Casa Grande, Cuervo Especial, Cuervo Gold et Orendain, les plus populaires auprès des connaisseurs.

Pour en savoir davantage sur la *tequila*, son histoire, sa fabrication et ses caractéristiques, il faut visiter **Aquí es Xalisco** *(Etziquio Corona, n° 303, Pitillal,* ☎*4-96-74,* ⌕*1-53-35),* où l'on a construit la réplique d'une distillerie artisanale; y sont mises en bouteilles plus de 90 sortes de *tequila*. **La Casa del Tequila** *(Morelos, n° 589, entre les rues Corona et Aldama)* est un bar spécialisé dans la dégustation de plusieurs grandes marques de *tequila*.

La *tequila* entre elle aussi dans la préparation de différents cocktails et, parfois, dans la *margarita*.

---

## LA GASTRONOMIE

---

De trop nombreux visiteurs nord-américains, particulièrement étasuniens, ont une idée bien vague de ce qu'est l'authentique cuisine mexicaine. C'est que chez eux abondent les établissements spécialisés dans la restauration rapide, où l'on propose plus souvent qu'autrement des plats banals n'ayant guère de mexicain que l'appellation qu'ils veulent bien leur attribuer. Dans ces temples du *fastfood*, ou pour mieux dire ces gargotes, véritables plaies pour le gourmet, on est si peu respectueux de la tradition que l'on gratifie ces préparations du nom prétentieux de *tex-mex* (Texas-Mexique). Au-delà de la frontière septentrionale, on n'hésite même pas à présenter comme plats typiques mexicains les *fajitas* d'Amérique latine, les *burritos et* même le *chili con carne* texan. Autre affront à la cuisine mexicaine : les *nachos* américains, qui ne sont rien d'autre que des croustilles de maïs, c'est-à-dire des *chips* nappées de fromage fondu. Que dire, d'autre part, des *tacos* séchés de fabrication industrielle, façonnés de manière à pouvoir les empiler dans leur emballage de carton dont ils prendront même la saveur! Fort heureusement, ce ne sont pas des plats de ce goût que le visiteur se verra offrir au Mexique.

**Agave**

D'une partie du pays à l'autre, la cuisine mexicaine diffère. Il est donc plus juste de parler de traditions régionales. Les réalités climatiques, que ce soit en montagne, en zone aride ou sur la côte, déterminent la composition des plats à partir des denrées locales. Que l'on soit à Puerto Vallarta, sur la côte du Pacifique, ou alors du côté du golfe du Mexique, on aura avantage à opter pour les spécialités à base de fruits de mer ou de poissons.

## Mexique : gastronomie millénaire et cuisine du soleil

L'art culinaire du Mexique est plus que millénaire. Les plats au menu, autant traditionnels qu'innovateurs, ne dévoilent qu'une infime facette de cette cuisine. Les recettes qui suivent proviennent des jeunes chefs réputés de Puerto Vallarta susmentionnés et se préparent sans difficulté.

## Les recettes

### MARGARITA

Pour 1 verre
Préparation : 2 min

La *tequila* est un alcool que l'on tire de la sève distillée de l'agave. Le sel et le jus de citron vert sont importants dans la préparation de la *margarita*. Au Café de Olla, on la sert avec de la glace pilée.

Dans un gobelet-mesureur à boisson, mettre :
3/4 de *tequila*
1/4 de Cointreau ou de Triple Sec

1/2 citron vert : le jus du demi-citron
1 quartier de citron
Quelques zestes de citron vert
Sel
Glace pilée en neige

Versez *tequila*, Cointreau et jus de citron dans un shaker; secouez 1 min. Humectez le rebord des coupes avec le quartier

**M E N U   M E X I C A I N**
**des meilleurs restaurants de Puerto Vallarta**
(pour 4 personnes)

Apéritif
***Margarita*** (1)
\* \* \* \* \* \* \* \* \*

Entrée
**Soupe de poulet à la coriandre**
(*Sopa de pollo con cilantro* 1)
\* \* \* \* \* \* \* \* \*

Hors-d'œuvre
**Purée d'avocats à la mexicaine**
(*Guacamole* 1)
= - = - =

**Galettes de maïs aux fruits de mer**
(*Enchiladas de marisco* 2)
\* \* \* \* \* \* \* \* \*

Plats
**Filets de dorade pimentés, au citron et à la *tequila***
(*Filete de huachinango al chile, limon y tequila* 3)
= - = - =

**Côtelettes d'agneau et sa *polenta* mexicaine**
(*Chuletas de cordero y sope mexicana* 4)
\* \* \* \* \* \* \* \* \*

Légume
**Maïs au *chorizo***
(*Maíz con chorizo* 1)
\* \* \* \* \* \* \* \* \*

Dessert
**Crème brûlée au chocolat**
(*Creme brule de chocolate* 4)
\* \* \* \* \* \* \* \* \*

(1) Les recettes ainsi numérotées proviennent du Café de Olla.
(2) L'une des nombreuses spécialités du restaurant La Palapa.
(3) Une savoureuse création du chef Roger Dreier, du restaurant Chef Roger.
(4) Cette composition originale est une gracieuseté du chef Thierry Blouet, du Café des Artistes.

de citron; déposez du sel dans une soucoupe; givrez-y le rebord des coupes. Ajoutez la glace pilée, puis le cocktail dans les coupes; décorez d'un zeste.

## SOUPE DE POULET À LA CORIANDRE

Préparation : 20 min
Cuisson : 1 heure 30 min

NOTE : au Mexique, la coriandre parfume presque tous les mets et le piment les relève. Les légumineuses sont une autre composante de la cuisine mexicaine. Le haricot, par exemple, entre dans plusieurs plats et se prépare en purée, laquelle s'accompagne souvent de riz.

2 l (8 tasses) d'eau de source
1 poitrine de poulet
1 oignon, haché finement
2 gousses d'ail, finement hachées
4 carottes, pelées et coupées en dés
1 feuille de laurier
1/2 piment *jalapeño*, épépiné, coupé en dés
125 ml (1/2 tasse) de riz
125 ml (1/2 tasse) de pois chiches en conserve, égouttés
65 ml (1/4 tasse) de coriandre fraîche, finement hachée
1 citron vert : le jus du citron
Sel, au goût

Versez l'eau dans une marmite. Ajoutez le poulet, l'oignon, l'ail, les carottes, le laurier et le piment; laissez mijoter 1 heure. Retirez le poulet, enlevez la peau, désossez-le, et coupez la chair en petits dés; réservez.

Dégraissez le bouillon; ajouter le riz, et laissez mijoter 20 min. Ajoutez les pois chiches, la coriandre et le jus de citron; salez; mijotez encore 10 min. Si désiré, accompagnez de *tacos* farcis de purée d'avocats (recette ci-dessous).

## PURÉE D'AVOCATS À LA MEXICAINE (*GUACAMOLE*)

Préparation : 15 min

SUGGESTION : accompagnez le *guacamole* de *tortillas* bien chaudes ou de *tacos*.

4 avocats, dénoyautés et pelés
30 ml (2 c. à soupe) de jus de citron vert
1 oignon, haché finement
1 piment chili frais (vert), coupé en longueur, épépiné et haché
15 ml (1 c. à soupe) de coriandre fraîche, finement hachée
2 tomates pelées, coupées en petits dés
Sel, au goût
Feuilles de laitue

Écrasez la chair des avocats en purée homogène; arrosez de jus de citron; mélangez en incorporant l'oignon, le piment et la coriandre; ajoutez les dés de tomates. Salez; mélangez la purée. Tapissez un plat de feuilles de laitue; déposez le *guacamole*.


## GALETTES DE MAÏS AUX FRUITS DE MER

Donne environ 12 *tortillas*
Préparation : 30 min
Temps de repos de la pâte à *tortillas* : 45 min
Cuisson (*tortillas* et *enchiladas*) : 30 min

### *Tortillas*
500 ml (2 tasses) de farine de maïs
5 ml (1 c. à thé) de sel
300 ml (1 1/4 tasse) d'eau bouillante
Graisse végétale

### Garnitures et sauce
375 g (3/4 lb) de pétoncles (blanc de coquille Saint-Jacques)
375 g (3/4 lb) de petites crevettes
125 ml (1/2 tasse) de fumet de poisson
65 ml (1/4 tasse) de vin blanc sec
125 ml (1/2 tasse) de béchamel épaisse (sauce blanche)
Sauce Tabasco, au goût
250 g (1/2 lb) de gruyère râpé
65 ml (1/4 tasse) de crème 35 %
65 ml (1/4 tasse) de coriandre fraîche, finement hachée
Sel et poivre moulu, au goût
Tranches d'avocat, en éventail, pour décorer
1/2 citron vert : le jus

1 tomate, coupée en petits dés
Coriandre fraîche

Mélangez la farine et le sel dans un bol. Faites un puits au centre; versez graduellement l'eau chaude sur la farine; pétrissez jusqu'à l'obtention d'une boule de pâte. Recouvrez le bol d'un linge sec; laissez reposer 30 min à température ambiante.

Enfarinez un espace de travail et un rouleau à pâtisserie. Prélevez une quantité de pâte de la grosseur d'un petit œuf, puis façonnez la pâte en mince galette de 15 cm de diamètre; répétez l'opération; conservez les galettes entre deux feuilles de papier ciré.

Avec un essuie-tout, badigeonnez une poêle en fonte de graisse végétale; chauffez la poêle; cuisez-y les galettes environ 2 min de chaque côté; conservez les galettes au chaud en les séparant avec une feuille d'aluminium.

Faites pocher, à légers frémissements, les pétoncles et les crevettes pendant 3 min dans le fumet de poisson et le vin blanc; réservez. Chauffez la béchamel relevée de Tabasco; incorporez-y les fruits de mer, le fumet de poisson et le fromage en mélangeant jusqu'à consistance homogène. Hors du feu, ajoutez la crème et la coriandre; salez et poivrez; mélangez la sauce.

Nappez les *tortillas* de sauce aux fruits de mer; colorez le tout pendant 5 min sous le gril du four. Dressez les *enchiladas* dans un plat chaud; décorez de tranches d'avocat arrosées de jus de citron, de dés de tomate et de coriandre fraîche.

## FILETS DE DORADE PIMENTÉS, AU CITRON ET À LA *TEQUILA*

Préparation : 15 min
Cuisson (poisson et sauce) : environ 10 min

La friture est venue des Espagnols et, au Mexique, nombre d'aliments subissent ce mode de cuisson. On peut remplacer la dorade par de la sole, de la morue ou de la plie. Accompagnez ce plat d'un gratin de pommes de terre ou de *polenta* (voir la recette suivante) et d'un légume vert de votre choix.

825 g (1 3/4 lb) de filets de dorade (4 filets)
Sel et poivre du moulin, au goût
375 ml (3/4 tasse) de chapelure
45 ml (3 c. à soupe) de piments secs, concassés
125 g (1/4 lb) de beurre
Coriandre fraîche, pour décorer
2 citrons verts, coupés en quartiers, pour décorer
Losanges de poivron rouge mariné

**Sauce**
375 ml (3/4 tasse) de vin blanc sec
2 jaunes d'œuf
65 ml (1/4 tasse) de crème 35%
65 ml (1/4 tasse) de *tequila*
45 ml (3 c. à soupe) de jus de citron vert
Sel et poivre du moulin, au goût

Salez et poivrez les filets. Faites fondre la moitié du beurre; badigeonnez une seule surface des filets de ce beurre fondu, puis saupoudrez la même surface de chapelure et de piments; pressez avec la paume de la main pour faire adhérer le tout au poisson. Chauffez une poêle avec le beurre restant; cuisez les filets pendant 2 min du côté assaisonné, puis retournez-les délicatement du côté non assaisonné pour les cuire encore 2 min. Conservez-les au chaud. Préparez la sauce.

Réduisez le vin de moitié dans une casserole. Fouettez les jaunes d'œuf et la crème; incorporez au vin. Versez la *tequila* et le jus de citron; salez et poivrez; mélangez.

Dressez les filets, côté assaisonné vers le haut, dans un plat de service chaud; entourez de sauce. Décorez de brindilles de coriandre, de quartiers de citron et de losanges de poivron.

## CÔTELETTES D'AGNEAU ET SA *POLENTA* MEXICAINE

Préparation : 30 min
Cuisson (*polenta* et côtelettes) : environ 20 min

NOTE : on trouve des carrés d'agneau dans la section «boucherie» des grands marchés d'alimentation. CONSEIL : demandez au boucher de parer vos carrés d'agneau. À défaut, optez pour trois côtelettes par personne.

4 carrés d'agneau de 3 côtelettes chacun
30 ml (2 c. à soupe) de sauce chili
30 ml (2 c. à soupe) de graines de sésame grillées

**Polenta mexicaine**
250 ml (1 tasse) de farine de maïs
250 ml (1 tasse) d'eau
125 g (1/4 lb) de cheddar fort râpé
Cumin, au goût
15 ml (1 c. à soupe) de farine
Sel et poivre du moulin, au goût

**Sauce d'accompagnement**
250 ml (1 tasse) de bouillon d'agneau, de bœuf ou de veau
Piment sec, au goût
1 gousse d'ail, hachée finement
1 petit oignon, haché finement
30 ml (2 c. à soupe) de vinaigre
Quelques graines de cumin
1 pincée de thym
1 feuille de laurier
Sel et poivre du moulin, au goût
30 ml (1 c. à soupe) de beurre

Salez et poivrez les côtelettes; cuisez-les au four pendant 6 min à 250°C. Badigeonnez les côtelettes d'un peu de sauce chili; saupoudrez-les de graines de sésame grillées.

Mélangez la farine de maïs et l'eau. Pétrissez pour obtenir une pâte ferme légèrement collante; ajoutez le fromage, le cumin et la farine. Partagez la pâte en quatre parts, puis aplatissez-les en cercle de 15 cm; cuisez-les à la poêle (sans gras) pendant 5 min de chaque côté; retournez-les une fois pour que la *polenta* soit légèrement grillée. Enveloppez dans un linge; réservez.

Réduisez de moitié le bouillon sur le feu avec le piment, l'ail, l'oignon, le vinaigre, le cumin et les herbes. Retirez du feu; salez et poivrez, puis, en fouettant, ajoutez le beurre. Dressez un carré de *polenta* au centre de chaque assiette; disposez en surface les côtelettes; nappez de sauce. Servez aussitôt.

## MAÏS AU *CHORIZO*

Préparation : 5 min
Cuisson : 10 min

SUGGESTION : le *chorizo* peut se remplacer par des lanières de bacon, et le piment, par de la sauce Tabasco. Le *chorizo*, une saucisse de la taille d'une Toulouse, se vend frais ou séché dans les charcuteries espagnoles et latino-américaines.

1/2 *chorizo* piquant, coupé en petits dés
30 ml (2 c. à soupe) d'huile de tournesol ou de maïs
1 oignon, finement haché
1 poivron rouge, coupé en brunoise (dés minuscules)
1 poivron vert, coupé en brunoise
2 tomates, concassées
500 ml (2 tasses) de maïs en grains, égoutté
1/2 piment *jalapeño*, épépiné, coupé en lanières
60 ml (4 c. à soupe) de coriandre fraîche, finement hachée
Sel, au goût

Dorez le *chorizo* dans l'huile chaude à la poêle; ajoutez l'oignon, les poivrons, les tomates, le maïs et le piment. Cuisez pendant environ 10 min à découvert. Ajoutez la coriandre; salez.

## CRÈME BRÛLÉE AU CHOCOLAT

Recette pour 12 portions
Préparation : 20 min
Cuisson : environ 10 min
Réfrigération : 3 heures

NOTE : dans ce pays où est né le cacao, le chocolat a la faveur des Mexicains, qui l'utilisent même dans certains plats salés. Le plus mondialement connu, le *mole poblano de guajolate*, est une dinde mijotée dans une sauce à base de chocolat amer et de piments.

La recette qui suit est généreuse, mais la crème brûlée se conserve bien quelques jours, et vos convives voudront très certainement en reprendre une seconde fois.

1 l (4 tasses) de crème sure (aigre)

12 jaunes d'œuf
5 ml (1 c. à thé) de sucre
15 ml (1 c. à soupe) de fécule de maïs
15 ml (1 c. à soupe) d'extrait de vanille
15 ml (1 c. à soupe) de rhum blanc
250 g (1/2 lb) de chocolat sucré
500 ml (2 tasses) de sucre
45 ml (3 c. à soupe) d'eau de source

Chauffez la crème aigre; réservez. Battez les jaunes d'œuf, le sucre, la fécule, la vanille et le rhum; ajoutez le mélange à la crème. Faites fondre le chocolat à feu doux et, une fois fondu, incorporez-le au mélange. Portez la préparation au point d'ébullition, à feu doux, en la tournant à l'aide d'une cuillère en bois. Versez dans des coupes ou des ramequins. Réfrigérez pendant 3 heures.

Faites chauffer le sucre et l'eau dans une casserole jusqu'à l'obtention d'un caramel ambré; versez avec précaution (ça brûle!) sur chaque crème refroidie, et laissez durcir avant de servir.

## RENSEIGNEMENTS GÉNÉRAUX

a présente partie du guide a pour but d'aider le voyageur à mieux préparer ses vacances à Puerto Vallarta, mais aussi dans les nombreuses autres destinations touristiques du Mexique. L'État de Jalisco, sur la côte du Pacifique, abrite, dans la grandiose baie des Drapeaux, Puerto Vallarta, une destination de choix où son séjour mérite d'être bien planifié. Outre de précieux conseils, des suggestions pratiques permettront au visiteur de s'initier autant que de se familiariser aux us et coutumes de ce fabuleux et éblouissant Mexique, ô combien riche d'une culture millénaire.

## FORMALITÉS D'ENTRÉE

### Le passeport

À son arrivée au Mexique, chaque visiteur doit présenter au douanier un passeport valide. C'est le document de voyage le plus pratique, celui qui occasionne le moins de soucis. L'expiration de ce passeport doit excéder de trois mois la date de votre départ. Un passeport en règle suffit sans exigence de visa pour les citoyens de la Communauté européenne, de certains autres pays de l'Europe de l'Ouest, de même que pour les Canadiens, les Québécois et les Américains. Il est fortement conseillé aux citoyens des autres pays de se renseigner auprès des consulats ou ambassades du Mexique de leur région respective. Étant donné que les conditions d'accès peuvent changer assez rapidement, on leur suggère de vérifier avant leur départ les plus récentes formalités d'entrée au Mexique.

Par mesure de prudence, il est indispensable que chaque détenteur de passeport conserve en lieu sûr une photocopie des pages principales de son passeport, en plus d'en noter le numéro et la date d'émission. Dans l'éventualité où ce document serait perdu ou volé, il sera alors plus facile de le remplacer. Lorsqu'un tel incident survient, il faut s'adresser à l'ambassade ou au consulat de son pays (pour les adresses, voir plus bas) afin que les agents diplomatiques puissent émettre un nouveau document équivalent.

## L'accès du territoire aux mineurs

Au Mexique, tous les individus de moins de 18 ans ont le statut de mineur. Les jeunes voyageurs de moins de 18 ans devront donc avoir en leur possession les pièces justificatives nécessaires pour entrer au pays. Ils devront fournir un document notarié ou certifié par un homme de loi (juge de paix ou commissaire à l'assermentation), et ledit formulaire devra comporter la signature de chacun de ses deux parents ou, le cas échéant, de celle de ses deux tuteurs officiels afin de démontrer clairement leur consentement.

Un mineur accompagné d'un seul de ses parents devra fournir sur demande un document – également notarié ou certifié par un homme de loi – prouvant le consentement de l'autre parent et dûment signé par celui-ci.

Si une personne mineure voyage en compagnie d'un seul parent parce que l'autre est décédé, ou tout simplement qu'elle n'a qu'un seul parent reconnu légalement, cette même personne mineure doit à cet effet être en possession d'une déclaration notariée ou certifiée par un juge de paix ou un commissaire à l'assermentation.

Les transporteurs aériens exigent que les adultes venus accueillir des mineurs non accompagnés de leurs parents ou d'un tuteur leur révèlent leur adresse et leur numéro de téléphone.

## Les visas d'étudiant et les visas d'affaires

Les étudiants et les gens d'affaires doivent se renseigner auprès des ambassades et consulats mexicains de leur pays respectif s'ils désirent résider un certain temps au Mexique (pour les adresses, voir plus bas).

## Le formulaire de déclaration en douane

Un questionnaire est remis aux passagers par les agents de bord lors du transport aérien : c'est le formulaire de déclaration en douane du Mexique. Celui-ci doit être obligatoirement rempli avant l'arrivée au Mexique. On y inscrit son nom et son adresse, de même que l'endroit où l'on séjournera au Mexique. Il faut également déclarer les montants ou objets personnels si leur valeur excède 1 000$US.

RENSEIGNEMENTS GÉNÉRAUX

## La carte de touriste

Dès votre arrivée, après la vérification de votre preuve de citoyenneté et la remise de votre formulaire de déclaration en douane, le douanier remet à chaque visiteur une copie du formulaire : c'est la carte de touriste. Ce document est gratuit et autorise son détenteur à visiter le pays. Ne perdez surtout pas ce document, car vous devez le remettre à l'immigration mexicaine à votre sortie du pays. Comme vous l'avez fait avec votre passeport, prenez les précautions d'usage en notant, sur votre billet d'avion par exemple, le numéro inscrit sur votre carte de touriste.

En cas de perte de votre carte de touriste, rendez-vous au bureau de l'immigration. On vous remplacera votre carte, mais vous devrez prouver comment et quand vous êtes entré au pays (un billet d'avion suffit).

## La taxe sur le transport aérien

Une taxe d'environ 12$US par passager s'applique aux vols internationaux en provenance du Mexique, mais cette taxe est souvent incluse au départ dans le prix des billets émis par les principaux transporteurs aériens. Renseignez-vous auprès de votre agent de voyages. Les enfants de moins de deux ans sont dispensés de payer cette taxe sur le transport aérien.

## La douane

Le voyageur de plus de 18 ans est autorisé à avoir en sa possession, outre ses vêtements et autres articles pour ses vacances, 3 l de spiritueux ou de vin, 400 cigarettes ou deux boîtes de cigares, une quantité raisonnable de parfum ou d'eau de toilette pour son utilisation personnelle et un maximum de 12 rouleaux de pellicule pour son appareil photo, le total des valeurs n'excédant pas 300$US. Évidemment, toute importation de drogue et d'armes à feu est strictement interdite. Les médicaments personnels, plus particulièrement s'il s'agit de substances psychotropes, doivent comporter l'ordonnance du médecin traitant.

À l'aéroport international de Puerto Vallarta, les voyageurs qui se présentent aux douaniers auront le passage libre au feu vert, mais ils devront se soumettre aux fouilles d'usage si le signal lumineux passe au rouge.

## AMBASSADES ET CONSULATS

En cas d'extrême urgence (accident, décès, vol ou perte de passeport), les ambassades et consulats fournissent toute l'aide nécessaire à leurs ressortissants en difficulté; au besoin, on leur indiquera le nom d'un médecin ou d'un avocat. Leurs services ne sont pas gratuits, et les coûts qui découlent des démarches entreprises par les autorités consulaires vous seront facturés. Voici les adresses des principaux consulats et ambassades (des pays où sont distribués nos guides de voyage) dans la capitale fédérale, México, dans la capitale de l'État de Jalisco, Guadalajara, et à Puerto Vallarta.

**Belgique**
Ambassade de Belgique
Avenida Alfredo de Musset,
nº 41
Colonia Polanco
11550 - México, D.F.
☎(5) 280-0758
⇕(5) 280-0208

**Canada**
Ambassade du Canada
Calle Schiller, nº 529
(Rincón del Bosque)
Colonia Polanco
11560 - México, D.F.
☎(5) 254-3288
⇕(5) 254-8554

Consulat du Canada à
Guadalajara
Hôtel Fiesta Americana
Bureau 31
Calle Aurelio Aceves, nº 225
Sector Juáz, 44110
Guadalajara (Jalisco)
☎(3) 615-6370, 615-5270,
615-6215 ou 615-6266
⇕(3) 615-8665
*(lun-ven 8h30 à 13h et 14h à
17h)*

Consulat du Canada à Puerto
Vallarta
Mᵐᵉ Lyne Benoit
Calle Zaragoza, nº 160
Bureau 10
Colonia Centro, 48300
Puerto Vallarta (Jalisco)
☎(322) 2-53-98
⇕(322) 3-08-58
Courriel : benoitl@canada.org.
mx
*(lun-ven 9h à 17h)*

**États-Unis**
Ambassade des États-Unis
d'Amérique
Paseo de la Reforma, nº 1305
06500 - México, D.F.
☎(5) 211-0042
⇕(5) 511-9980

Consulat général des États-
Unis d'Amérique
Zaragoza, nº 160
Edificio Vallarta Plaza
Bureau 18
☎(322) 2-00-69
⇕(322) 2-00-74

**Espagne**
Ambassade d'Espagne
Galileo, nº 114
Colonia Polanco
11560 - México, D.F.
☎(5) 596-3655
⇕(5) 596-7710

**France**
Ambassade de France
Calle Alejandro Dumas, nº 16
Polanco
Delegación Miguel Hidalgo
11560 - México, D.F.
☎(5) 281-0447
⇕(5) 281-1302

Consulat de France
Avenida López Mateos,
nº 484
Guadalajara (Jalisco)
☎(3) 616-5516

Il n'y a pas de consulat de
France à Puerto Vallarta : les
citoyens français doivent
s'adresser à celui de Guadalajara (voir ci-dessus).

**Italie**
Ambassade d'Italie
Avenida Paseo de las Palmas,
n° 1994
11000 - México, D.F.
☎(5) 596-3655
✉(5) 596-7710

**Suisse**
Ambassade de Suisse
Torre Optima, 11. Stock,
Avenida Paseo de las Palmas,
n° 405
Lomas de Chapultepec
11000 - México, D.F.
☎(5) 520-8535 ou
(5) 520-3003, ✉(5) 520-8685

**Luxembourg**
Représentation du Grand-
Duché de Luxembourg
Privada Maderos, n° 88
Lomas Altas
Delegación Miguel Hidalgo
11950 - México, D.F.
☎(5) 570-0374
✉(5) 570-0924

**Monaco**
Représentation de la Princi-
pauté de Monaco
Calle General León, n° 65
3ᵉ Piso
San Miguel Chapultepec
Delegación Miguel Hidalgo
11850 - México, D.F.
☎(5) 570-0374
✉(5) 570-0924

**Québec**
Délégation générale du Québec
Avenida Taine, n° 4111
Colonia Bosques de Chapultepec
11580 - México, D.F.
☎(5) 250-8222
✉(5) 254-4282

Voici les ambassades et
consulats du Mexique dans
les pays où sont distribués
nos guides de voyage :

**Belgique**
Ambassade du Mexique
164, chaussée de la Hulpe
1ᵉʳ étage
1170 - Bruxelles
☎(02) 676-0711
✉(02) 676-9312

**Canada**
Ambassade du Mexique
45, rue O'Connor
Bureau 1500
Ottawa, Ont.
K1P 1A4
☎(613) 233-8988 ou
233-9572, ✉(613) 235-9123

Consulat général du Mexique
Commerce Court West
99, Bay Street
Toronto, Ont.
M5L 1E9
☎(416) 368-2875
⊷(416) 368-3478

**France**
Consulat du Mexique
4, rue Notre-Dame-des-Victoires
75002 - Paris
☎01.42.86.56.48
⊷01.42.86.05.80
otmex@worldnet.fr
Métro Bourse

---

## Au Québec

Consulat général du Mexique
2000, rue Mansfield
Bureau 1015
10$^e$ étage
Montréal (Québec)
H3A 2Z7
☎(514) 288-2502
⊷(514) 288-8287

Il y a une consule honoraire du Mexique à Québec, la capitale québécoise. S'adresser à :

M$^{me}$ Madeleine Therrien
☎(418) 681-3192

**Suisse**
Ambassade du Mexique
Bernastrasse, n° 57
3005 - Berne
☎(031) 351-1875
⊷(031) 351-3492
Note : il se trouve des consulats honoraires du Mexique à Zurich et à Lausanne; on obtient leur adresse par le biais de l'ambassade située à Berne.

---

## États-Unis d'Amérique

Ambassade du Mexique
1911, Pennsylvania Avenue, N.W.
20006 - Washington D.C.
☎(202) 728-1633
⊷(202) 728-1698

**Louisiane**
Consulat général du Mexique
World Trade Centre Building
2, rue du Canal Bureau 840
70130 - La Nouvelle-Orléans (Louisiane)
☎(504) 522-4601 ou 522-3608
⊷(504) 525-2332

Voici les adresses de quelques délégations de tourisme du gouvernement mexicain :

**Québec**
1, Place Ville-Marie
Bureau 1526
Montréal (Québec)
H3B 3M9
☎(514) 871-1052
✉(514) 871-3825

**France**
4, rue Notre-Dame-des-
Victoires
75002 - Paris
☎01.42.86.56.24
✉01.42.86.05.80
Métro Bourse

**Canada**
2, Bloor Street West
Bureau 1801
Toronto, Ont.
M4W 3E2
☎(416) 925-0704, 925-2753
ou 925-1876
✉(416) 925-6061

**Espagne**
Calle Velázquez, nº 126
28006 - Madrid
☎(34-1) 261-3520 ou
261-1827
✉(34-1) 411-0759

**Italie**
Via Barberini, nº 23
00187 - Rome
☎(39-6) 25-3413 ou 25-3541
✉(39-6) 25-3755

---

## L'ENTRÉE AU PAYS

---

### Par avion

---

**Du Québec et du Canada**

**Air Transat** : Été comme hiver, une fois par semaine, Air Transat propose des vols nolisés sans escale à destination de Puerto Vallarta au départ de Montréal et de Toronto. Pour en savoir davantage sur ces vols nolisés et les forfaits Vacances Air Transat s'y rattachant, il faut s'adresser aux agences de voyages.

☎(514) 476-1118; pour les arrivées et les départs seulement.

**Canadien** : Depuis Montréal ou Toronto, la compagnie des Lignes aériennes Canadien International effectue quotidiennement des vols vers México avec correspondance en direction de Puerto Vallarta à bord d'Aeroméxico. La compagnie aérienne organise également des vols nolisés; ce service de forfaits a pour nom «Vacances Canadien».

999, boulevard De Maisonneuve Ouest
Montréal (Québec)
H3A 3L4
☎(514) 847-2211, réservations et renseignements
☎(514) 847-2220, arrivées et départs
☎800-661-8881, Vacances Canadien (renseignements sur les vols nolisés)
⇆(514) 364-7822.

**Mexicana** : En saison estivale, il y a des vols avec correspondance dans plusieurs villes des États-Unis ou des vols directs à partir de Montréal et de Toronto vers México, lieu de correspondance vers d'autres destinations mexicaines. Mexicana propose des vols à partir de Montréal et de Toronto jusqu'à México, d'où il y a une correspondance pour Puerto Vallarta ainsi que pour d'autres destinations au Mexique et dans certains pays d'Amérique latine. Cette compagnie aérienne n'a aucun bureau à Montréal et à Toronto, même si une représentante permanente s'occupe – pour le Québec et l'est du Canada– des choses courantes de Mexicana. La compagnie aérienne Mexicana possède un siège social en Californie (États-Unis). La clientèle du Québec et du Canada peut téléphoner sans frais afin d'obtenir les renseignements désirés au numéro suivant : ☎800-531-7923 (demandez le poste 2134 ou 2144 pour le service en français).

☎800-531-9338, pour les départs et les arrivées seulement.

**D'Europe**

**De France** : Il n'existe pas à ce jour de vol direct sur Puerto Vallarta. Air France propose cependant des vols en direction de México presque tous les jours avec correspondance sur Puerto Vallarta. On peut se renseigner auprès de tous les bureaux d'Air France situés dans la plupart des villes françaises. Quant à la compagnie Aeroméxico, elle se rend au Mexique chaque dimanche, mardi, jeudi, vendredi et samedi; ces vols se font aussi avec une correspondance de México vers Puerto Vallarta; calculez de 1 500$US à 2 000$US. Consultez votre agent de voyages sur les différentes possibilités et forfaits. À titre d'exemple, Continental Airlines propose, à partir de Puerto Vallarta, un vol sur Paris avec escale à Houston (Texas) pour un peu moins de 1 000$US. La compagnie aérienne Mexicana a des agences qui la représentent, mais elle n'effectue aucun vol à partir de l'Europe; l'agence qui la représente en France peut néanmoins vous renseigner sur les vols intérieurs de cette compagnie au Mexique.

Air France - Esplanade des Invalides
2, rue Esnault-Pelterie
75007 - Paris
France
☎01.43.17.20.20
≈01.43.17.20.00

Aeroméxico
12, rue Auber
75009 - Paris
☎01.47.42.40.50
Aéroport international Charles-de-Gaulle
☎01.48.62.44.62

Air France - Élysées
119, avenue des Champs-Élysées
75008 - Paris
France
☎01.42.99.21.01
≈01.42.99.21.99

Mexicana - Kilian
21, avenue Saint-Fiacre
Saint-Germain-en-Laye
78108 - France
☎01.39.73.12.55
≈01.30.61.57.80

**De Belgique** : Best Tours est une affiliation regroupant plusieurs agences de voyages. On retrouve plusieurs agences participantes dans la plupart des villes belges. Ces agences se spécialisent dans les destinations vacances et propose des circuits dans quelques stations balnéaires mexicaines, principalement à Cancún et à Acapulco avec vols directs sur Martinair et British Aiways depuis Bruxelles. Puerto Vallarta devenant une destination de plus en plus à la mode, prière de se renseigner auprès de ces agences sur les possibilités offertes pour Puerto Vallarta.

Vous obtiendrez la liste complète des agences de voyages affiliées à Best Tours par le biais de leur site Internet (*besttours.be/agcbxl.htm*).

Aeroméxico
1200, rue Abbé Heymans
Bruxelles
Belgique
☎(02) 770-8021
✉(02) 762-0217

**De Suisse** : Aeroméxico ne propose pas de vols directs depuis la Suisse vers le Mexique. Il y a néanmoins la possibilité de prendre le vol d'Air France ou d'Aeroméxico à partir de Paris ou de Madrid vers México, puis d'attendre une correspondance pour Puerto Vallarta.

Air France
3, rue du Mont-Blanc
1201 - Genève
Suisse
☎(2) 731-3330
✉(2) 732-0932

Aeroméxico
Boîte postale 11
338-8034 - Zurich
Suisse
☎(1) 387-7742
✉(1) 387-7761

Air France
ZRS 70. Talstrasse
Zurich
Suisse
☎(1) 211-1377
✉(1) 212-0135

**D'Espagne** : Aeroméxico propose des vols réguliers Madrid-México les jours suivants : dimanche, mardi, jeudi, vendredi et samedi. La compagnie aérienne Mexicana n'effectue aucun vol entre l'Espagne et le Mexique; l'agence Aréa Uno la représente dans ce pays, et elle peut vous renseigner sur les vols intérieurs de cette compagnie au Mexique.

Aeroméxico
Plaza de Espana, n° 18
Torre Planta 6
Bureau 11
Madrid
Espagne
☎(1) 547-9900
✉(1) 548-1527

Mexicana - Aréo Uno
Alba Cete, n° 2
Madrid
28027 - Espagne
☎(1) 326-6944
✉(1) 326-6915

**Des États-Unis**

Il existe une multitude de vols quotidiens et hebdomadaires entre le Mexique et les États-Unis. Aeroméxico et Mexicana ont des bureaux dans la plupart des grandes villes américaines. Consultez l'annuaire téléphonique de l'une ou l'autre des villes pour trouver les adresses et numéros de téléphone de ces compagnies aériennes ou des principales compagnies aériennes des États-Unis qui font également la liaison avec le Mexique.

## L'aéroport international Gustavo Díaz Ordaz

L'aéroport international de Puerto Vallarta, situé à 7,5 km du centre-ville, comporte deux sections. La première section est réservée aux arrivées locales et internationales. À votre passage à la douane, on vous demandera de presser un bouton activant un feu vert, permettant l'entrée au pays sans autre formalité, ou rouge, pour passer à la fouille.

La deuxième section est réservée aux départs, et l'on y trouve des services postaux, des boutiques hors taxes (dans ces commerces, les prix sont souvent plus élevés qu'au centre-ville) ainsi qu'un kiosque à journaux faisant office de librairie – avec un bon choix de livres d'auteurs latino-américains et quelques best-sellers américains à la mode. L'aérogare renferme aussi un petit casse-croûte, des agences de location de voitures et un bureau de change.

## Pour se rendre de l'aéroport au centre-ville

Le trajet de l'aéroport au centre-ville dure environ 20 min en voiture ou en autobus (*camión*). Étant donné l'encombrement des bagages, les risques de vols et l'affluence des navettes, il est de loin plus commode de prendre un taxi. Le prix étant fixé en fonction des zones traversées, il ne devrait pas excéder 70 pesos pour atteindre le centre-ville. On achète son billet de taxi dans un kiosque à la sortie de l'aéroport; ce billet sera remis au chauffeur sans autre paiement; un pourboire lui sera tout de même versé si l'usager transporte beaucoup de bagages. Notez que, dans la majorité des forfaits qui sont proposés par les agences de voyages, le trajet en taxi est inclus dans le prix.

# L'ASSURANCE-MALADIE

Sans doute la plus utile, l'assurance-maladie doit être achetée avant de partir en voyage. Cette police d'assurance doit être la plus complète possible. Au moment de l'achat de la police, il faudrait veiller à ce qu'elle couvre bien les frais médicaux de tout ordre, comme l'hospitalisation, les services infirmiers et les honoraires des médecins (jusqu'à concurrence d'un montant assez élevé, car ils sont chers). Une clause de rapatriement sanitaire, pour le cas où les soins requis ne pourraient être administrés sur place, est précieuse. En outre, il peut arriver que vous ayez à débourser le coût des soins en quittant la clinique. Il faut donc vérifier ce que prévoit votre police dans ce cas. Durant votre séjour, vous devriez toujours garder sur vous la preuve que vous avez contracté une assurance-maladie, ce qui vous évitera bien des ennuis si par malheur vous en avez besoin.

RENSEIGNEMENTS
GÉNÉRAUX

# LA SANTÉ

Le Mexique est un superbe pays à découvrir. Malheureusement, les visiteurs peuvent y attraper certaines maladies comme la malaria, les fièvres typhoïde et paratyphoïde, la diphtérie, le tétanos, la poliomyélite, l'hépatite virale A ou B. Rares sont les cas où les visiteurs contractent de telles infections, mais ces désagréments peuvent se présenter à l'occasion. Aussi est-il recommandé, avant de partir, de consulter un médecin (dans une clinique pour voyageurs) qui vous conseillera sur les mesures à prendre. N'oubliez pas qu'il est bien plus simple de se protéger de ces maladies que de les guérir. Il est donc utile de prendre les médicaments, les vaccins et les précautions nécessaires afin d'éviter des ennuis d'ordre médical susceptibles de s'aggraver. Si toutefois la consultation d'un médecin s'avérait nécessaire, sachez qu'il vous en coûtera environ 150 pesos (20$US environ) pour une consultation. En ce cas, les agents touristiques travaillant sur place pour les voyagistes étrangers (surtout dans les grands hôtels) pourront vous aider à en trouver un. À Puerto Vallarta, il existe plusieurs hôpitaux ayant bonne réputation, dont une clinique médicale américaine (voir p 90).

## Les maladies

Des cas de maladies telles que les hépatites A et B, le sida et d'autres maladies vénériennes ont été rapportés; il est donc sage d'être prudent à cet égard.

Les nappes d'eau douce sont fréquemment contaminées par la bactérie causant la bilharziose. Cette maladie, provoquée par un ver qui s'infiltre dans l'organisme pour s'attaquer au foie et au système nerveux, est difficile à traiter. Il faut donc éviter de se baigner dans toute nappe d'eau douce.

N'oubliez pas non plus qu'une trop grande consommation d'alcool peut causer des malaises, particulièrement lorsqu'elle s'accompagne d'une trop longue exposition au soleil. Elle peut aussi entraîner une certaine déshydratation.

Faute de moyens, les équipements médicaux de Puerto Vallarta ne sont pas toujours aussi modernes que dans votre pays. Si vous requérez des soins médicaux, attendez-vous à ce qu'ils ne soient pas les mêmes que chez vous. D'ailleurs, en dehors des grandes villes, les centres médicaux pourront vous paraître modestes. Dans les centres touristiques, il se trouve toujours des médecins parlant l'anglais. Lors de toute transfusion sanguine, veillez (si possible) à ce que les tests évaluant la qualité du sang aient été bien effectués.

Bien que l'eau courante à Puerto Vallarta ait été déclarée potable par le ministère de la Santé, il est fortement recommandé de ne boire que de l'eau purifiée. Car, si Puerto Vallarta est équipée d'un système de purification de l'eau et que des tests sont effectués régulièrement à la source, les conduits et tuyaux par contre peuvent être contaminés. On trouve facilement de l'eau en bouteille dans tous les marchés.

Les malaises que vous risquez le plus d'avoir sont causés par une eau mal traitée, susceptible de contenir des bactéries provoquant certains problèmes comme des troubles digestifs, de la diarrhée ou de la fièvre. Il est donc préférable d'éviter d'en consommer. L'eau en bouteille, que vous pouvez acheter partout, représente la meilleure solution pour éviter ces ennuis. Lorsque vous achetez l'une de ces bouteilles, tant au magasin qu'au restaurant, vérifiez toujours qu'elle soit bien scellée. Dans les grands hôtels, il est courant que l'eau soit traitée, mais vérifiez toujours avec le personnel avant d'en boire. Les fruits et les légumes nettoyés à l'eau courante (ceux qui ne sont donc pas pelés avant d'être consommés) peuvent causer les mêmes désagréments. Aussi conviendra-t-il de redoubler de prudence dans les restaurants pour petits budgets, ces derniers n'ayant pas toujours l'équipement adéquat pour assurer une bonne hygiène; la même attention s'applique aux petits comptoirs de rue et aux vendeurs de denrées sur la plage (particulièrement de brochettes et de poissons grillés). En ce qui concerne les produits laitiers à Puerto Vallarta, vous pourrez en consommer en toute sécurité.

Dans l'éventualité où vous auriez la diarrhée, diverses méthodes peuvent être utilisées pour la traiter. Tentez de calmer vos intestins en ne mangeant rien de solide et en buvant des boissons gazeuses, de l'eau en bouteille ou du thé (évitez les produits laitiers) jusqu'à ce que la diarrhée cesse. La déshydratation pouvant être dangereuse, il faut boire beaucoup. Pour remédier à une déshydratation sévère, il est bon d'absorber une solution contenant un litre d'eau, deux ou trois cuillerées à thé de sel et une de sucre. Vous trouverez également des préparations toutes faites dans la plupart des pharmacies tel que le Pedialyte, que l'on trouve en plusieurs saveurs : naturel, cerise, fraise ou coco – préférez cette dernière. Par la suite, réadaptez progressivement vos intestins en ne mangeant que des aliments faciles à digérer. Certains médicaments tels que le Pepto-Bismol peuvent aider à contrôler les problèmes intestinaux; ces médicaments se trouvent dans la plupart des pharmacies de Puerto Vallarta, et même du Mexique; néanmoins, évitez les médicaments comme l'Imodium et le Lomotil, qui peuvent occasionner des constipations sévères et permettre ainsi à certaines bactéries de s'introduire dans le sang. Dans les cas où les symptômes sont plus graves (forte fièvre et diarrhée importante), un antibiotique peut s'avérer nécessaire. Il est alors préférable de consulter un médecin dans les plus brefs délais (évitez les piqûres intraveineuses, et demandez plutôt un médicament sous forme de comprimés).

La nourriture et le climat peuvent également être la cause de divers malaises. Une certaine vigilance s'impose quant à la fraîcheur des aliments (en l'occurrence la viande et le poisson) et à la propreté des lieux où les denrées sont apprêtées. Une

RENSEIGNEMENTS GÉNÉRAUX

bonne hygiène (entre autres, se laver fréquemment les mains) vous aidera à éviter bon nombre de ces désagréments.

## Les insectes

Les insectes, qu'on retrouve en abondance un peu partout au pays, s'avèrent souvent fort désagréables. Il sont particulièrement nombreux durant la saison des pluies. Toutefois, dans le but de minimiser les risques d'être piqué, couvrez-vous bien en soirée (c'est à ce moment qu'ils deviennent plus actifs), évitez les vêtements aux couleurs vives, ne vous parfumez pas et munissez-vous d'un bon insectifuge. Lors de promenades dans les montagnes et dans les régions forestières, des chaussures et chaussettes protégeant les pieds et les jambes seront certainement très utiles; il est aussi conseillé d'apporter des pommades pour calmer les irritations dues aux piqûres.

Les scorpions sont une plaie, particulièrement en saison sèche, et leurs morsures peuvent provoquer de fortes fièvres, et même la mort chez certaines personnes dont la santé est particulièrement fragile. Les scorpions ont la fâcheuse habitude de s'introduire dans les rez-de-chaussée des maisons ou bâtiments. Quelques précautions s'imposent. Évitez de laisser vos chaussures sur le sol. Ne marchez pas en bordure des fossés et dans les hautes herbes. À la plage, surveillez bien tous les coins et recoins des toilettes publiques et, la nuit venue, munissez-vous d'une lampe de poche afin de bien éclairer votre parcours. Si vous décidez de faire une sieste, dans un hamac ou sur une chaise longue, prenez la précaution de bien les secouer avant de vous y allonger. En cas de morsure, dirigez la personne atteinte vers un médecin ou un hôpital de toute urgence. Les mêmes mesures s'appliquent aux morsures de serpents.

## Le soleil

Le soleil, bien qu'il procure des bienfaits, entraîne de nombreux petits ennuis. Apportez toujours avec vous une crème solaire qui protège des rayons nocifs du soleil. Plusieurs crèmes en vente sur le marché n'offrent pas de protection adéquate. Avant de partir, demandez à votre pharmacien de vous indiquer les crèmes qui préservent réellement des rayons dangereux du soleil. Afin d'obtenir une protection efficace, il est conseillé de mettre la crème au moins 20 min avant l'exposition au soleil. Une trop longue période d'exposition pourrait causer une insolation (étourdissement, vomissement et fièvre). Les premières journées surtout, il est nécessaire de bien se protéger et de ne pas prolonger les périodes d'exposition, car on doit d'abord s'habituer au soleil. Par la suite, il faut éviter les abus. Un chapeau et des verres fumés sont des accessoires indispensables au Mexique.

## LE CLIMAT

Par-delà le versant occidental de la Sierra Madre del Sur, celui qui donne sur la côte du Pacifique, commence une région bénéficiant de températures tropicales qui ne varient guère tout au long de l'année; la moyenne annuelle des températures y est de 22°C, ce dont profite Puerto Vallarta, où les journées sont chaudes et les nuits confortables, sauf durant la période des pluies.

La température n'est pas la même partout. L'État de Jalisco possède même quatre zones climatiques assez particulières; elles varient selon l'altitude et la situation géographique. La zone climatique de Puerto Vallarta commence au nord-ouest et s'étend en vaste bande, entre les montagnes et la mer, jusqu'au sud de l'État de Jalisco, là où le Río Cihuatlán en délimite la frontière avec l'État de Colima. Ce n'est pas la zone climatique la plus importante de l'État. À l'est de la Sierra Madre del Sur, un climat semi-tropical règne sur les trois quarts de la superficie de l'État de Jalisco. Les températures moyennes qu'on y enregistre sur une base annuelle varient de 18°C à 22°C. Les deux autres zones climatiques, tempérées (de 12°C à 18°C) et semi-tempérées (de 5°C à 18°C), se répartissent en microcosmes bien distincts sur l'ensemble du territoire.

Dès les débuts de la colonisation, les Espagnols réalisent que les régions situées en haute altitude sont les lieux les plus confortables et qu'elles favorisent l'implantation de nouvelles populations. C'est une constatation et non une découverte, puisque les Aztèques avaient déjà construit l'impériale cité de Tenochtitlán (México) à plus de 2 000 m au-dessus du niveau de la mer, ce qui protégeait ses habitants du climat torride qui existe dans maintes autres régions du Mexique. La ville de México, comme d'ailleurs Guadalajara, la capitale de l'État de Jalisco, bénéficie d'un climat pratiquement idéal avec une température moyenne se situant autour de 18,3°C.

La cité balnéaire de Puerto Vallarta profite donc d'un cadre unique et, de novembre à mai, d'un climat tropical peu changeant. En cette période de l'année, de l'automne au printemps, les jours sont chauds mais suffisamment secs pour être supportables, et les nuits, d'une douceur fort agréable. La saison des pluies s'échelonne de juin à octobre et donne lieu à de violentes averses et à de fortes précipitations atteignant 27,6 cm durant le mois de juillet et 28,8 cm en août et en septembre. De plus, ces mois sont humides.

Voici la moyenne des températures en degrés Celcius (°C) ainsi que celle des précipitations en centimètres (cm) pour les régions de Puerto Vallarta et de Guadalajara, la capitale de l'État de Jalisco :

## Puerta Vallarta

| Mois | Température | Précipitations |
|------|-----------|----------------|
| Janvier | 22,7°C | 1,25 cm |
| Février | 22,2°C | 0,62 cm |
| Mars | 24,4°C | 0,62 cm |
| Avril | 24,4°C | 0,62 cm |
| Mai | 26,6°C | 0,62 cm |
| Juin | 28°C | 15 cm |
| Juillet | 29°C | 27,6 cm |
| Août | 29°C | 28,8 cm |
| Septembre | 28,8°C | 28,8 cm |
| Octobre | 27°C | 30 cm |
| Novembre | 26°C | 28,8 cm |
| Décembre | 25,5°C | 25,5 cm |

## LA PRÉPARATION DES VALISES

Le type de vêtements à emporter varie peu d'une saison à l'autre. D'une manière générale, les vêtements de coton, amples et confortables, sont les plus appréciés à Puerto Vallarta. Pour les balades en ville, il est préférable de porter des chaussures fermées couvrant bien les pieds, car elles protègent mieux des blessures qui risqueraient de s'infecter. Pour les soirées fraîches, un chemisier ou un gilet à manches longues peuvent être utiles. N'oubliez pas de porter des sandales de caoutchouc sur la plage. Durant la saison des pluies, un petit parapluie s'avérera fort utile pour vous protéger des ondées. Pour visiter certains sites comme les églises, il est conseillé de porter une jupe couvrant les genoux ou un pantalon; veillez à en emporter. Enfin, si vous prévoyez faire une randonnée dans les montagnes, emportez de bonnes chaussures de marche et un gilet.

Même en ville, prévoyez vous munir de bonnes chaussures, car les rues de Puerto Vallarta sont pavées de galets ou de pierres, et les trottoirs ne sont pas uniformes : on y rencontre souvent des obstacles, des marches, des trous et autres. Pendant les averses, les rues se changent en rivières où s'accumulent boues et déchets.

## La sécurité

Puerto Vallarta vit du tourisme, et une police spéciale, vêtue de blanc, veille à la sécurité des visiteurs. Ces agents parlent l'espagnol et l'anglais. Trois autres corps policiers sont présents à Puerto Vallarta : la police de la ville, celle de l'État de Jalisco et la police fédérale.

# LES TRANSPORTS

## L'automobile

Il est assez facile de louer une voiture à Puerto Vallarta. Les agences de location les plus importantes se trouvent surtout à l'aéroport et dans certains hôtels, et d'autres moins connues, dans le nord de la ville, sur le boulevard Las Palmas (Paseo de las Palmas). Les prix sont en dollars américains et varient considérablement d'un endroit à l'autre. Par exemple, la location d'un tout-terrain peut coûter entre 35$US et 90$US.

On loue également des décapotables entre 35$US et 60$US, et des camionnettes (moins coûteuses). Ces prix sont en général pour une journée et incluent les taxes, 200 km et l'assurance. Il est très important que l'assurance soit incluse, et il faut l'exiger lors de la location. Les routes sont étroites, et la circulation n'est pas toujours facile. La vitesse est limitée à 90 km/h sur les principales artères et varient entre 50 km/h et 80 km/h sur les routes secondaires. De plus, il n'est pas inutile de le répéter : les contrôles policiers et militaires sont fréquents.

Il est important de prendre note qu'il existe des problèmes de vols et que de nombreux voyageurs se sont fait dérober leur véhicule ainsi que tous leurs biens. Pour cette raison, et surtout parce que les attractions principales de la ville et des alentours sont très proches les unes des autres, nous déconseillons la location d'un véhicule aux personnes limitant leur séjour à Puerto Vallarta. **Note importante** : il faut rappeler ici qu'il est hasardeux pour une femme seule de conduire sa voiture, particulièrement dans les régions éloignées des grands centres urbains.

**L'entrée d'un véhicule automobile au Mexique**

L'entrée d'un véhicule au Mexique exige un peu de patience de la part de l'automobiliste. Les auteurs de ce guide ayant entrepris ce périple, les conseils prodigués sont le fruit de leur expérience, survenue d'abord dans les villes frontalières de Laredo (Texas), aux États-Unis, et de Nuevo Laredo (Nuevo León), au Mexique, puis durant le mois de la durée de leur voyage en automobile à travers le pays.

**À la frontière États-Unis – Mexique**

Avant d'entreprendre un voyage au Mexique, il est important de savoir qu'aucune compagnie d'assurances américaine, canadienne ou québécoise n'émet de contrat pour la protection du véhicule : accident, dommages à la voiture ou à une autre, blessures, etc.

Il est impératif d'obtenir des **assurances tous risques** d'une compagnie mexicaine. Il faut compter environ 230$US pour un séjour de deux semaines.

Pour qui arrive du nord, de l'est ou du centre des États-Unis d'Amérique, la ville de Laredo, au Texas, demeure l'une des principales portes d'entrée du territoire mexicain. Il est préférable de prendre une police d'assurance mexicaine du côté américain, à Laredo, plutôt qu'au Mexique, à Nuevo Laredo, dans l'État de Nuevo León. En effet, il existe dans la ville frontalière américaine quelques compagnies d'assurances mexicaines. La compagnie d'assurances préférée des Américains est la compagnie Sanborn, facilement reconnaissable par son logo qui n'est autre qu'un sombrero.

À Laredo, le Rio Grande trace la frontière entre les États-Unis d'Amérique et le Mexique. De part et d'autre du «pont international» se trouvent les douanes américaines et mexicaines. Nuevo Laredo, dans l'État de Sierra León, est la première ville en territoire mexicain.

À Nuevo Laredo, il n'est pas nécessaire d'obtenir de permis pour circuler en deçà de 24 km (15 miles) de la frontière. Ainsi, à l'issue du «pont international», on effectue un arrêt où un feu vert ou rouge nous indique soit de continuer, soit de nous soumettre à la fouille. Il faut conduire jusqu'aux bureaux de douane, situés un peu plus loin (après le pont, évitez de continuer tout droit; tournez à droite sur la première rue tout de suite après avoir traversé le «pont international»), afin d'y acquérir la **carte de touriste** *(tarjeta de turista)* ainsi qu'un **permis d'importation temporaire du véhicule**. Il n'y a pas vraiment d'indication pour se rendre à ce bureau de douane et d'immigration. Aussi sera-t-il préférable de demander un plan de Nuevo Laredo lors de votre passage à la compagnie d'assurances. Armez-vous de patience, surtout à la veille d'une fête.

Il faut d'abord aller au comptoir de l'immigration *(migración)*, où, après vérification de votre citoyenneté, on vous remet un formulaire. Ce formulaire dûment rempli et signé constitue votre carte de touriste, qu'il faut garder précieusement tout au long de votre séjour. La deuxième étape consiste à l'obtention des photocopies *(fotocopiado)* des différents documents (permis de conduire, immatriculation du véhicule ou titre de propriété, assurances, etc.) relatifs à la conduite et à l'importation temporaire de votre véhicule. On doit remettre ces documents au comptoir *banjercito*. En cas d'un véhicule de location, ou si le certificat d'immatriculation n'est pas à votre nom, vous devrez fournir un acte notarié établi par l'agence de location ou le propriétaire du véhicule vous autorisant à circuler hors du pays où il a été immatriculé. Des droits de douane d'environ 12$US sont exigés et payables par carte de crédit; si vous voulez payer comptant, il vous faudra débourser beaucoup plus. Une vignette autocollante sera ensuite appliquée du côté chauffeur à l'intérieur du véhicule. Il faudra également décoller et remettre cette vignette au même endroit, avec les autres papiers, avant de quitter le territoire mexicain. Les permis sont valides pour 180 jours.

C'est à 24 km de la frontière que l'on rencontre une dernière barrière pour une ultime vérification avant de prendre la route.

On ne répétera pas assez qu'il faut, avant de quitter le pays, remettre les permis aux autorités. Malheureusement, les bureaux ne sont pas toujours à la frontière; mieux vaut se renseigner avant de s'engager dans la ligne d'attente menant aux États-Unis.

## Le plein d'essence

Parce que le nombre des stations-service est plus rare au Mexique que dans les autres pays d'Amérique du Nord, il est recommandé de toujours refaire son plein d'essence lorsque l'indicateur affiche que le réservoir est à moitié plein. Toutes les stations-service refusant les cartes de crédit, il faut donc payer comptant.

## Deux conseils

Vérifiez si le compteur de la pompe à essence indique bien les chiffres zéros au départ, et calculez la monnaie qui vous sera rendue. Ne laissez aucun pourboire au pompiste, mais donnez quelques pièces au préposé qui lave les vitres de votre véhicule, moyennant bien sûr consentement préalable de votre part.

**Recommandations aux automobilistes**

Par mesure de sécurité, l'automobiliste conduira entre 8h et 20h ou jusqu'au coucher du soleil. La nuit, les animaux domestiques ou sauvages qui traversent la route peuvent provoquer des accidents. En outre, c'est souvent la nuit que choisissent les *banditos* pour accomplir leurs méfaits. Ces mêmes «pirates de la route» agissant de plus en plus le jour, il faut redoubler de prudence. En fin de journée, mieux vaut choisir un hôtel ou un «motel-hôtel» offrant un service de surveillance de nuit. En outre, assurez-vous de ne laisser aucun effet dans la voiture (valises, appareils photo, argent, chèques de voyage et papiers personnels). Si un gardien ou un voiturier vous demande de lui confier la clef du véhicule, laissez savoir à qui de droit que votre assureur mexicain, et la loi du pays, n'autorisent aucun Mexicain à conduire ledit véhicule sans votre présence à ses côtés. On raconte à Puerto Vallarta l'histoire de cette Européenne qui devait se marier avec un Mexicain. La veille, celle-ci avait prêté sa voiture à son futur mari afin que ce dernier puisse faire quelques derniers achats pour les noces. Des policiers peu scrupuleux, et encore moins sensibles aux conventions, saisirent le véhicule de ladite Européenne alors conduit par son conjoint, avec pour conséquences toutes les tracasseries administratives.

Tous les conducteurs du véhicule conserveront dans le coffre à gants du véhicule des photocopies de leurs assurances (mexicaines), permis de conduire, passeports et fiches d'entrée, ces dernières étant émises à chacun par les douaniers lors de leur entrée au Mexique. Tous les originaux de ces documents seront précieusement conservés dans un lieu sûr, à portée de main de chacun, dans leur sacoche, porte-documents ou veste que l'on traîne toujours avec soi. Chemin faisant, en cas de halte pour se dégourdir ou d'une pause-café, la prudence est de mise. Avant de descendre, dissimulez hors de la vue tout objet de valeur, puis verrouillez les portières du véhicule.

**Assistance routière**

L'État mexicain met au service des touristes et de la population un service de dépannage. Des mécaniciens à bord de camionnettes vertes patrouillent les principales routes et autoroutes du pays, mais plus particulièrement dans les zones touristiques.

Ces *Ángeles verdes* ou «Anges verts» effectuent des réparations mineures et fournissent, au prix coûtant, de l'essence et de l'huile en plus de procurer une assistance de remorquage.

## Les barrages militaires

Sur les routes nationales ou secondaires, plus rarement sur les autoroutes, il n'est pas rare de se faire intercepter par un barrage militaire. Les raisons de ces contrôles sont multiples : recherches de criminels, prévention de la drogue, vérification du véhicule, identification des voyageurs, etc.

## De précieux conseils

Si vous croisez un barrage militaire ou un barrage policier, et que l'on ne vous a pas fait signe de vous arrêter, poursuivez votre route en évitant le «contact des yeux» avec l'un ou l'autre des militaires ou l'un des policiers en fonction : un civil qui dévisage un représentant de l'autorité peut alors laisser présumer qu'il a quelque chose à se reprocher. Dans le cas d'un ordre d'arrêt, il est impérieux de ne pas poursuivre son chemin. Dans le cas d'un refus, les militaires – ils sont tous armés de mitraillettes – prendront les grands moyens! Ainsi, quelques mètres plus loin, des guetteurs activeront une planche à tuyaux biseautés en travers de la route, provoquant du coup une quadruple crevaison au véhicule. Il faut se préoccuper de l'inexpérience de ces jeunes militaires dont la moyenne d'âge ne dépasse pas la vingtaine. Donc, arrêtez-vous seulement si l'on vous ordonne de le faire. Il faut alors garder son calme et ne faire aucun mouvement brusque : certains racontent que ces jeunots ont la gâchette nerveuse. Quand le militaire vous adressera la parole, alors seulement vous pourrez le regarder dans les yeux. Si le militaire ne parle qu'espagnol, tentez tout de même de comprendre s'il veut simplement vérifier vos papiers ou fouiller le coffre arrière et l'intérieur de votre véhicule. Dans ce dernier cas, ne pas ouvrir le coffre automatiquement! Sortez de la voiture, puis ouvrez le coffre vous-même. Demeurez sur place tout au long de la fouille, car il est déjà arrivé que certains militaires corrompus jettent un sachet de drogue dans la voiture pour ensuite menacer de mettre en accusation les passagers du véhicule si ces derniers ne leur versaient pas la fameuse *mordida*, ce pourboire obligé qui se traduit par «morsure». Il est important que vous sachiez qu'en cas d'oubli de vos précieux permis de conduire, enregistrements et récépissés d'assurances, le véhicule sera saisi sur le champ! Le véhicule est alors acheminé par les autorités militaires dans la capitale de l'État, ce qui oblige certains à aller récupérer leur automobile plusieurs centaines de kilomètres plus loin : 535 km de Puerto Vallarta à Guadalajara et 268 km de Puerto Vallarta à Tepic, la capitale de l'État de Nayarit voisin. Si un tel malheur vous accablait, tentez au moins de sortir du véhicule tous vos effets personnels. En outre, les laborieuses démarches pour reprendre possession d'un véhicule saisi sont une interminable série de tracasseries administratives et bureaucratiques. Ces démarches peuvent prendre plusieurs semaines, voire plusieurs mois dans certains cas, et vous aurez à accomplir le trajet – vers la capitale – à plusieurs reprises. Enfin, lorsque l'on vous convoquera pour – cette fois – récupérer l'automobile, faites-vous accompagner d'un témoin ou, mieux, par le consul de votre pays. Sur place, vérifiez l'automobile dans tous ses recoins. Pourquoi? On a déjà vu une victime se faire glisser un sachet de drogue dans son véhicule et les complices du méfait arrêter la voiture et ladite personne une centaine de mètres plus loin! Inutile de raconter la suite. Autre recommandation : avisez immédiatement les autorités consulaires ou l'ambassade de votre pays et demandez que l'on intervienne dans les plus brefs délais.

## Distances entre Puerto Vallarta et d'autres villes du Mexique

| | |
|---|---|
| Barra de Navidad : 215 km | Mazamitla : 473 km |
| Chapala : 390 km | Tapalpa : 470 km |
| Ciudad Guzmán : 425 km | México (district fédéral) : 918 km |
| Colotlán : 541 km | |
| Guadalajara : 340 km | Puerto San Blas : 163 km |
| Lagos de Moreno : 535 km | Tepic : 183 km |
| Manzanillo : 285 km | |

## Les taxis

Des services de taxi sont proposés dans tous les lieux de villégiature ainsi que dans le centre-ville de Puerto Vallarta. Le taxi est probablement le moyen le plus efficace et le plus sûr pour se déplacer. Plus de 1 000 taxis circulent dans la ville 24 heures sur 24. Les chauffeurs travaillent suivant un tarif fixe, car il n'y a pas de compteur. Les tarifs pour se déplacer à l'intérieur du centre-ville sont d'environ 13 pesos, et le trajet Marina – centre-ville coûte 25 pesos. Les hôtels affichent les tarifs selon les destinations les plus populaires. Il vaut mieux se faire confirmer le prix du trajet dès le départ. De plus, il n'est pas nécessaire de donner un pourboire, à moins de transporter des bagages. Il est aussi possible de s'entendre avec le chauffeur pour des sorties touristiques à l'extérieur de la ville.

## Les autobus publics (*camiones*)

Les autobus publics, appelés «*camiones*» au Mexique, sont nombreux et circulent à peu près partout. Ils constituent un moyen autant original qu'économique pour se déplacer partout autour de Puerto Vallarta. Malgré leur côté vétuste et leur manque de confort, ils sont rapides. Souvent bondés, les autobus sont peu commodes lorsqu'on y voyage avec des bagages. Il vous en coûtera 2 pesos pour aller jusqu'à 20 km en dehors de la ville et de 4 pesos à 5 pesos si vous prenez la direction de Nuevo Vallarta et de Punta de Mita. Il n'existe pas vraiment d'horaire, mais un autobus va dans la direction de votre choix toutes les 5 min. Les destinations sont inscrites sur le pare-brise (noms d'hôtels ou de la banlieue). À titre indicatif, *Olas* (Olas Altas), aussi le terminus, est une rue située dans le sud de la ville, près de la plage de Los Muertos; *Boca* (Boca de Tomatlán) est un village plus au sud via Mismaloya; *Centro* va au centre-ville; *Tunel* contourne le centre-ville. Pour aller vers le nord, les autobus indiquant *Pitillal* et *Hotels* vont jusqu'à la zone hôtelière; *Marina Vallarta* et *Vidafel* conduisent plus loin jusqu'à la marina, et *Aeropuerto-Airport*, *Juntas ou Ixtapas* mènent à l'aéroport. Vous pouvez aussi demander au chauffeur quel autobus prendre pour vous rendre à l'endroit désiré. Les arrêts sont indiqués par des panneaux, la plupart aux intersections. L'autobus s'arrête d'un simple signe de la main. Les autobus sont en service tous les jours de 6h à 23h30.

Par ailleurs, de nombreuses rencontres amicales s'y font, et il n'est pas rare que la personne assise à côté de vous décide de satisfaire sa curiosité en vous questionnant sur vos origines.

---

## Les bateaux-taxis

---

On trouve ces bateaux à moteur au quai de la plage de Los Muertos, à Boca de Tomatlán, à Mismaloya et à l'hôtel Rosita, au nord du Malecón ainsi qu'à la Marina Vallarta. Ils mènent un peu partout dans la baie des Drapeaux. Les destinations les plus populaires sont les plages de Mismaloya, Las Ánimas, Quimixto et Yelapa. Ils quittent le quai vers 11h, puis reviennent à 16h30. Il est préférable de vérifier les horaires la veille de votre excursion. Comptez 120 pesos pour un aller-retour. Des agences proposent des forfaits aller-retour comprenant le petit déjeuner et le déjeuner sur place pour 180 à 230 pesos.

---

## Le tramway

---

À partir de la place d'Armes (Plaza de Armas), la place principale de Puerto Vallarta, un tramway *(tlj 10h à 14h et 16h à 20h30)* propose aux visiteurs un tour de ville d'une vingtaine de minutes. Ce tour est commandité par divers commerces du centre-ville : il ne faut donc pas s'étonner de faire, en même temps, une tournée des restaurants, des clubs, des boutiques ou autres commerces de ces précieux commanditaires. Le service est gratuit, mais il est bienvenu de laisser un pourboire, 2 ou 3 pesos selon le goût de chacun.

---

## La location de scooters

---

À Puerto Vallarta, il est possible de louer un scooter à l'heure ou à la journée. Assurez-vous que les assurances sont incluses dans le prix de location. On ne rencontre pas beaucoup de motocyclistes, et pour cause : en direction sud, les routes secondaires sont tortueuses et non revêtues; la circulation est difficile, et les automobilistes ne sont pas tous disciplinés. De plus, n'oubliez pas que les rues de Puerto Vallarta sont pavées de galets, ce qui ne facilite pas non plus l'utilisation de ce moyen de transport.

RENSEIGNEMENTS GÉNÉRAUX

## L'auto-stop

À vos risques et périls : il est fortement déconseillé de se déplacer au Mexique en faisant de l'auto-stop!

# LES SERVICES FINANCIERS

## La monnaie

La monnaie du pays est le nuevo peso ou peso. Il circule en billets de 10, 20, 50, 100, 200 et 500 pesos. Quant aux pièces de monnaie, elles se présentent en 1, 5, 10, 20 et 50 pesos, puis en 5, 10, 20 et 50 centavos. Les prix sont souvent affichés en dollars américains, particulièrement dans les endroits très touristiques. Attention, il circule encore quelques pièces d'anciens pesos dont la valeur n'est que de 1% du nouveau peso. À la faveur de la pénombre d'un bar par exemple, il peut arriver que l'on tente de vous escroquer en vous remettant la monnaie en anciens pesos. **Tous les prix mentionnés dans ce guide sont en dollars américains.**

La monnaie mexicaine est soumise à de fortes fluctuations, et de nombreuses dévaluations ont eu lieu ces dernières années. Vous trouverez ci-dessous les taux de change pour différentes monnaies étrangères. Ceux-ci étaient en vigueur au moment de mettre sous presse, et ils ne sont donnés qu'à titre indicatif.

## Les banques

Les banques sont ouvertes de 9h à 15h, du lundi au vendredi. La majorité d'entre elles changent le dollar canadien et le dollar américain; moins nombreuses sont celles qui changent les autres devises étrangères. Il est en général plus avantageux de voyager au Mexique avec des dollars américains, le taux consenti étant meilleur. Plusieurs banques possèdent des guichets automatiques pour l'utilisation d'une carte banquaire ou d'une carte de crédit.

| Taux de change | | | | |
|---|---|---|---|---|
| 1 NP | = | 0,10$US | 1$US | = | 10,17NP |
| 1 NP | = | 0,15$CAN | 1$CAN | = | 6,6NP |
| 1 NP | = | 0,55FF | 1FF | = | 1,83NP |
| 1 NP | = | 0,13FS | 1FS | = | 7,55NP |
| 1 NP | = | 3,35FB | 10FB | = | 2,98NP |
| 1 NP | = | 13,82PTA | 100PTA | = | 7,23NP |
| 1 NP | = | 160,85LIT | 1000LIT | = | 6,21NP |

RENSEIGNEMENTS
GÉNÉRAUX

## Les bureaux de change

On trouve différents bureaux de change un peu partout à Puerto Vallarta, plusieurs dans le centre-ville et là où il y a une concentration d'hôtels, et les taux varient peu d'un endroit à l'autre. On y accepte surtout le dollar américain et le dollar canadien en espèces ou en chèques de voyage. Dans ce dernier cas, on demande une carte d'identité comportant photo et signature ou un passeport. Les bureaux de change acceptant les francs français, suisses ou belges sont situés près du Malecón, la promenade du bord de mer.

## Le change

Il est interdit et déconseillé de changer de l'argent dans la rue. Étant donné les risques encourus (vols, faux billets, etc.) et le peu de différence avec le taux offert par les banques, il est de loin préférable de changer son argent dans une banque ou un bureau de change. Le meilleur taux de change est obtenu en demandant une avance de fonds sur carte de crédit. On y gagne alors environ 2%, ce qui sera généralement supérieur aux intérêts qu'on aura à payer au retour. Parallèlement, lorsque cela est possible, il est plus intéressant de payer ses achats avec sa carte de crédit.

---

## Les chèques de voyage

---

Il est toujours plus prudent de garder la majeure partie de son argent en chèques de voyage. Ils sont parfois acceptés dans les restaurants, les hôtels ainsi que certaines boutiques, mais à des taux moins intéressants. En outre, ils sont facilement échangeables dans certaines banques et bureaux de change du pays (s'ils sont en dollars américains ou en dollars canadiens). Il est conseillé de garder une copie des numéros de vos chèques dans un endroit à part car, si vous les perdez, la banque émettrice pourra vous les remplacer plus facilement et plus rapidement. Cependant, gardez toujours des espèces sur vous.

---

## Les cartes de crédit

---

Les cartes de crédit sont acceptées dans bon nombre de commerces, en particulier les cartes Visa, MasterCard et American Express. En plus de leur facilité d'utilisation, elles vous offrent de meilleurs taux de change, et il est de ce fait plus intéressant de payer un maximum d'achats avec votre carte de crédit.

 MAGASINAGE

Les boutiques ouvrent généralement de 9h à 20h ou 21h, du lundi au samedi. Toutefois, dans certains secteurs tels que le Malecón et la Marina, les magasins ouvrent le dimanche et sont souvent ouverts plus tard qu'ailleurs. Les prix y sont sensiblement plus élevés que dans les rues Insurgentes ou Lazaro Cárdenas par exemple, situées dans le sud de la ville, où l'on trouve des boutiques de chaussures, de vêtements et même une de carreaux de céramique peints. En fait, plus on s'éloigne des endroits touristiques, meilleurs sont les prix. De nombreux artisans autochtones, entre autres des Huichols, se sont regroupés en coopératives. Des vendeurs, dont plusieurs sont également autochtones, s'approvisionnent à ces mêmes coopératives ou auprès des artisans eux-mêmes. Ils revendent par la suite ces produits artisanaux dans les grands centres touristiques ou de villégiature du pays, et même sur les plages de Puerto Vallarta ou celles situées à l'extérieur de la ville.

Il existe à Puerto Vallarta des boutiques gérées par des coopératives d'artisanat. Leurs succursales, spécialisées dans la vente au détail, offrent aux visiteurs les meilleurs prix qui soient, de même qu'elles proposent un bon choix d'ouvrages magnifiques. Parmi les beaux objets qu'il est bien de s'y procurer, mentionnons les pièces d'orfèvrerie, la vaisselle, la poterie multicolore ainsi que des peintures, bijoux, masques mythiques sculptés sur bois, tissus, carreaux de céramique, verre soufflé, vannerie, etc. On trouve également à proximité du Museo del Cuale, au centre de l'île Cuale, une enfilade d'échoppes d'artisanat qui, pour la plupart, ouvrent de 10h à 14h et de 16h à 21h. Ce marché d'artisanat est mieux connu sous le nom d'«El Mercado del Río Cuale».

## LES TÉLÉCOMMUNICATIONS

RENSEIGNEMENTS
GÉNÉRAUX

### La poste

Pour l'envoi d'une carte postale ou d'une lettre, comptez 2,50 pesos vers l'Europe ou 2,10 pesos vers les pays d'Amérique du Nord, d'Amérique centrale et d'Amérique du Sud.

### Téléphone

**L'indicatif régional de Puerto Vallarta est le 322.**

**De l'étranger vers le Mexique**

Du Canada et du Québec : composez le 011-52 + 322 + le numéro local.

De France, de Belgique et de Suisse : composez le 00-52 + 322 + le numéro local.

**Du Mexique vers l'étranger**

En règle générale, il est plus avantageux d'appeler à frais virés (PCV). Pour les citoyens québécois, canadiens ou français qui désirent appeler dans leur pays respectif, le service d'appel à frais virés direct représente la formule la plus intéressante.

Pour le Québec et le Canada. Canada Direct : 95-800-010-1990 ou 00-800-010-1990 + indicatif régional + numéro du correspondant, ou demandez pour les services d'un téléphoniste.

Pour la France : 98-33 ou 00-33 + préfixe de la ville (si nécessaire) + numéro du correspondant, ou France Direct : 980-33-0057 ou 000-33-0057 et 980-33-0010 ou 000-33-0010.

Pour la Belgique : 98-32 ou 00-32 + préfixe de la ville (si nécessaire) + numéro du correspondant.

Pour la Suisse : 98-41 ou 00-41 + préfixe de la ville (si nécessaire) + numéro du correspondant.

Pour joindre un téléphoniste :

- appels international, faites le 090;
- appels nationaux, faites le 020;
- information, faites le 040.

On trouve un peu partout dans la ville des téléphones publics fonctionnant à l'aide d'une carte, au coût de 50 pesos, que l'on peut se procurer dans les pharmacies ou les grandes surfaces. On trouve aussi des téléphones d'une société privée américaine acceptant les cartes Visa, MasterCard et American Express, mais sachez que vous serez alors facturé à un tarif exorbitant en dollars américains.

# FESTIVALS, FÊTES ET JOURS FÉRIÉS

## Fêtes et festivals

Au Mexique, plusieurs grandes fêtes religieuses s'inscrivent dans le calendrier des jours fériés. À ces fêtes, s'en ajoutent diverses autres commémorant les hauts faits des personnages historiques du pays. Le peuple mexicain aime faire la *fiesta*. Cette passion se concrétise par un débordement de fêtes; on ne dénombre pas moins de 6 000 fêtes annuelles au Mexique, officielles aussi bien que régionales, sans compter les manifestations dites spontanées telles que mariages, baptêmes ou anniversaires de naissance, sans oublier les réunions familiales qui font suite à un décès.

Voici, classées par mois, les principales fêtes qui se déroulent au cours de l'année au Mexique.

**Janvier**

1er – **Le jour de l'An** : l'«Año Nuevo» donne lieu à d'importantes réjouissances. Dans les villes et dans les régions, on profite de l'occasion pour organiser maintes manifestations populaires et, partout à travers le pays, on présente de multiples foires agricoles.

6 – **L'Épiphanie** : c'est au «Día de Reyes», ou jour des Rois, que les petits Mexicains reçoivent leurs étrennes et cadeaux. Une coutume veut que, lors du repas des Rois, on serve une galette dans laquelle aura été dissimulée une minuscule poupée. Le convive auquel sera distribuée la portion contenant la miniature devra, le 2 février, jour de la Chandeleur, recevoir à sa table tous les invités qui étaient présents.

17 – **La fête de San Antonio Abad** : dans les régions du Mexique, même les animaux ont droit à leur fête. Au jour consacré à saint Antoine Abbé, tous les animaux domestiques, de compagnie ou de ferme, sont d'abord toilettés, puis revêtus de tissus magnifiquement décorés avant d'être conduits dans

les églises où ils seront bénis au cours d'une cérémonie religieuse.

**Février**

2 – **La Chandeleur** : le 2 février, il y a une fête dans toutes les rues de toutes les villes, de tous les villages et de tous les hameaux du Mexique; les artères sont alors illuminées de lanternes multicolores. Ce jour de la Chandeleur donne lieu à des défilés, parfois extravagants, ainsi qu'à des courses de taureaux selon la tradition espagnole ou, comme c'est souvent les cas au Mexique, avec des *rejoneadores*, c'est-à-dire avec des *toreros* à cheval.

5 – **Le jour de la Constitution** : ce jour, dit «Día de la Constitución», commémore – comme son nom l'indique – les constitutions de 1857 et de 1917, qui s'appliquent de nos jours encore à toutes les institutions politiques mexicaines.

En février ou en mars, selon les années – **Le carnaval avant le carême (Mardi gras)** : chaque endroit d'importance a son carnaval. À Puerto Vallarta, comme dans bien d'autres lieux de villégiature, on se costume, on défile au son des meilleurs orchestres, on danse sur les places publiques et même partout dans les rues.

24 – **La fête du drapeau** : les Mexicains sont fiers de leur glorieux héritage. Le drapeau tricolore (vert, blanc, rouge), sur la bande blanche duquel apparaît l'aigle, symbole de prospérité, leur inspire le plus grand respect (voir p 15). À travers le pays, cette journée du drapeau en est une de fierté autant que d'un rappel de l'identité nationale.

**Mars**

13 – **La conférence annuelle des sorcières** : les sorcières (*brujas*) tiennent leur fête annuelle au lac Catemaco, où leurs adeptes se rassemblent en grand nombre.

18 – **L'anniversaire de l'expropriation des sociétés pétrolières étrangères** : c'est un peu comme si les Québécois organisaient chaque année une journée nationale sur le thème de «Maîtres chez nous» afin de commémorer la nationalisation des compa-

gnies hydroélectriques privées. Au Mexique, tout ce qui signifie autonomie et souveraineté, aussi bien économique que politique, est considéré avec le plus grand respect.

**21 – L'anniversaire du président Benito Juárez García** : l'homme politique le plus respecté des Mexicains, Benito Juárez García, un Amérindien zapotèque devenu président du premier gouvernement libéral du Mexique, qui entreprit à partir de 1855 une série de réformes constitutionnelles, est, le 21 mars, amplement fêté à travers le pays, particulièrement dans l'État d'Oaxaca, où il naquit et dont il fut gouverneur.

En mars ou en avril, selon les années – **La Semaine sainte** : la «Semana santa» demeure la plus importante manifestation religieuse du Mexique. Elle commence le dimanche des Rameaux et se célèbre aux quatre coins du pays. Certaines de ces célébrations prennent une envergure absolument gigantesque. Parmi les plus impressionnantes, il y a le «Jeu de la Passion» d'Ixtapalapa, à México, les processions silencieuses de San Luis Potosí et de San Miguel de Allende, et celle aux chandelles de Taxco. Bien d'autres villes organisent des défilés religieux tout aussi spectaculaires qui attirent des milliers de fidèles. La cité balnéaire de Puerto Vallarta n'est pas en reste, et la ville se voit, pour l'occasion, envahir par des milliers de visiteurs venus de, Guadalajara, la capitale de l'État de Jalisco, et même de Mexico, la capitale nationale.

### Avril

Date variant selon les années – **Pâques** : les Mexicains profitent des vacances pascales pour sortir des villes. Ils vont à la mer ou à la campagne, ou encore rendent visite à leur famille.

### Mai

1$^{er}$ – **La fête du Travail** : en cette journée fériée, les travailleurs et travailleuses du Mexique organisent maints défilés à travers le pays sous le thème de la solidarité nationale et internationale des travailleurs.

**3 – Le jour de la Sainte-Croix** : durant ce jour, les ouvriers du bâtiment hissent d'immenses croix sur toutes les constructions inachevées, honorant ainsi le symbole sacré de la foi chrétienne. Il y a des pique-niques en famille et des feux d'artifice.

5 – **La fête du 5 Mai** : le «Cinco de Mayo» commémore la victoire des Mexicains sur les troupes de l'armée française en 1862, lors de la fameuse bataille de Puebla, où 4 000 hommes équipés d'armes désuètes réussirent à repousser les 6 000 soldats d'élite français mandés par l'empereur Napoléon III.

Un dimanche en mai, selon les années – **La fête des Mères** : le «Día de las Madres», comme dans beaucoup de pays, est célébré ici en famille. C'est une journée privilégiée pour toutes les mamans, auxquelles on offre fleurs et cadeaux.

15 – **La Saint-Isidore** : San Isidro, ou saint Isidore, est le patron des agriculteurs et du bétail. C'est aussi lui qu'on implore pour apporter l'indispensable pluie qui permettra d'obtenir de généreuses récoltes.

## Juin

24 – **La Saint-Jean-Baptiste** : alors qu'au nord le peuple québécois célèbre, ce même jour, sa fête nationale, les Mexicains organisent partout des foires, des manifestations religieuses et des compétitions nautiques.

## Août

2 – **La fête de Cuauhtémoc** : la plus grandiose des célébrations organisées au Mexique, à la mémoire de Cuauhtémoc, dernier empereur des Aztèques (il a été pendu par Cortés en 1524), se déroule sur la place qui porte son nom à México, où ont lieu danses et cérémonies officielles.

## Septembre

15 et 16 septembre – **La fête de l'Indépendance du Mexique** : les festivités durent deux jours, tous deux fériés. Il n'est pas un endroit au Mexique où l'on ne célèbre de façon fastueuse la «Déclaration de l'Indépendance» de 1810. Cette proclamation historique qui, à la suite de l'appel au soulèvement populaire

ordonné par le père Hidalgo, allait faire du Mexique un État souverain enfin libre de toute domination étrangère ne pouvait être oubliée du peuple mexicain. Sur le coup de 23h, sur toutes les places publiques des villes et villages du territoire national, il y a une reconstitution d'«El Grito», le fameux appel d'Hidalgo à ses compatriotes. De la capitale fédérale, México, sur la place de la Constitution, le président mexicain ouvre les cérémonies d'usage en s'adressant au corps diplomatique et à la nation. Dans tout le pays, il y a des fêtes et des spectacles pyrotechniques.

### Octobre

1<sup>er</sup> au 31 – **Les festivals d'octobre de Guadalajara** : l'une des plus grandes manifestations culturelles et sportives du Mexique se déroule à Guadalajara, la capitale de l'État de Jalisco et la deuxième ville en importance au pays. La ville est pendant tout le mois d'octobre témoin d'activités multiples : pièces de théâtre, films, comédies musicales, compétitions athlétiques, etc.

12 – **Le jour de la Raza** : peu désireux de fêter le contesté et contestable Christophe Colomb, les Mexicains mettent plutôt en ce jour l'accent sur la fusion entre les grandes civilisations amérindiennes du passé et la civilisation européenne.

15 au 31 – **Le festival Cervantés de Guanajuato** : le célèbre auteur espagnol Miguel de Cervantés a son festival au Mexique. Ce festival se tient chaque année à Guanajuato, et il est entièrement consacré aux arts : activités théâtrales, troubadours, récitals de chant et de poésie, musique classique, etc.

### Novembre

1<sup>er</sup> – **Le discours du président sur l'état de la nation** : chaque année, en ce jour férié du 1<sup>er</sup> novembre, le président mexicain s'adresse aux membres du Congrès. Ce discours annuel du président est retransmis à travers le Mexique.

1<sup>er</sup> et 2 – **La Toussaint** : la plus mystérieuse de toutes les fêtes mexicaines est sans contredit celle du «Día de los Muertos». Cette symbiose des cultures amérindiennes et chrétiennes constitue un autre bel exemple du caractère spécifique du peuple mexicain. À l'occasion de la fête des Morts, les confiseurs du pays s'en donnent à cœur joie, si l'on peut se permettre une telle expression. Aux comptoirs des épiceries, des pâtisseries, des magasins d'alimentation et de maints autres commerces, on a de coutume d'étaler, pour une clientèle avide d'en faire provision, toutes sortes de sucreries façonnées en forme de crâne, de squelette ou de cercueil. De longues processions défilent dans les cimetières qui, à cette occasion, sont décorés et, pour la nuit, illuminés. C'est également au cours de ces deux journées que les familles fleurissent les tombes de leurs proches disparus, dont on se rappelle ainsi le souvenir.

20 – **Le jour de la Révolution** : durant la Révolution, qui dura de 1910 à 1920, des millions de Mexicains perdirent la vie au cours des combats. La journée du 20 novembre commémore le début de cette guerre civile.

10 au 20 – **Fiesta del Mar** : c'est le coup d'envoi de la saison touristique à Puerto Vallarta. La fête propose plusieurs activités dont le México Boat Show, un tournoi de pêche et des régates. Parmi les autres manifestations au programme, il y a le Festival gastronomique, auquel participent de nombreux restaurateurs qui proposent pour la circonstance, dans chacun de leurs établissements, des menus préparés par un chef invité d'un pays étranger.

## Décembre

1er au 11 – **Préparatifs de la fête de la Vierge de Guadalupe** : durant ces deux semaines, la ville entière se prépare à la fête. On décore partout, et des activités diverses ont lieu sur les différentes places de la ville : *mariachis*, *trio guitarra*, orchestres, *rendallas* (guitare, violon, mandoline, accordéon, etc.), danses folkloriques, hispaniques et amérindiennes, théâtre et autres. Les deux derniers jours, on ferme plusieurs rues (on doit marcher pour aller au centre-ville), et commencent alors les processions auxquelles participent tous les commerces des alentours. Les gens descendent à pied des villages environnants; les chars allégoriques hauts en couleur, dont un dédié à la Vierge, se dirigent vers la cathédrale et, de là, s'élève la chanson de la Vierge, *Mañanit,* un chant de remerciement *(horaire disponible pour tous les jours à la Dirección Regional de Turismo de Puerto Vallarta : Juárez e Independencia, Planta Baja Palacio Municipal, ☎322-2-02-42, 3-07-44 ou 3-08-44, ⌘322-2-02-43.*

**12 – La fête de la Vierge de Guadalupe** : ce jour est celui de la plus grande fête religieuse du Mexique. C'est par dizaines de milliers que les pèlerins se dirigent vers la basilique de México pour y voir le fameux linceul portant miraculeusement l'image de la Vierge, selon la croyance populaire, la Vierge la remit au paysan aztèque Juan Diego, auquel elle apparut un jour de décembre de l'an 1531.

**16 au 24 – La Posada** : ces jours rappellent le souvenir du voyage de Joseph et de Marie vers Bethléem. Ils précèdent la fête de Noël et donnent lieu à de multiples processions et défilés. Ce sont aussi des moments de grande réjouissance pour les enfants qui, après avoir cassé les *piñatas* gonflées de friandises, s'en régalent avec satisfaction. Musique, chants et danses sont au rendez-vous.

**25 – La Nativité (Noël)** : la fête de Noël se passe généralement en famille.

---

## DIVERS

**Électricité** : les prises électriques donnent un courant alternatif à une tension de 110 volts, comme pour toute l'Amérique du Nord. Les fiches étant de forme plate, les Européens ont besoin, en plus d'un convertisseur de tension, d'un adaptateur.

**Femme seule** : comme dans tous les pays latins, le caractère masculin a un petit côté *macho*. À Puerto Vallarta, comme ailleurs au Mexique, les hommes sont en général d'une grande politesse envers les femmes. Néanmoins, il ne faudra pas s'étonner qu'un groupe d'hommes, particulièrement à la vue d'une jolie dame, passent des commentaires plutôt gentils que grossiers. Dans ce pays fortement catholique, le respect est donc de mise, mais la drague existe aussi, comme partout ailleurs. Une femme seule se promenant dans les rues de Puerto Vallarta ou sur le Malecón devrait tout de même faire preuve de prudence en portant une tenue vestimentaire correcte et en ne s'aventurant pas, la nuit venue, dans des quartiers à l'extérieur du centre-ville. **Note importante** : il faut rappeler ici qu'il est hasardeux pour une femme seule de conduire sa voiture, particulièrement dans les régions éloignées des grands centres urbains.

**Heure** : il y a une heure (- 1 heure) de décalage entre le Québec et l'État de Jalisco; le Mexique est à l'heure avancée du premier dimanche d'avril au dernier dimanche d'octobre. Il y a sept heures de décalage (- 7 heures) avec les pays d'Europe de l'Ouest.

**Marchandage** : même si la pratique de marchander les produits et articles peut paraître courante dans certaines boutiques, elle peut aussi être considérée comme une impolitesse. Souvent les prix demandés sont déjà très honnêtes et, surtout dans le cas de l'artisanat, il pourrait être indécent de marchander. Les vendeurs ambulants de la plage ont toutefois l'habitude de négocier le prix des objets à la baisse, mais, encore là, il faut user de discernement.

**Taxes et service** : la taxe locale s'appelle l'«IVA». Pour les achats courants, elle est pratiquement toujours comprise dans le prix affiché. Le terme *propina incluida* signifie que le pourboire est inclus. Lorsqu'il n'est pas inclus, il faut ajouter entre 10% et 15% à l'addition.

# RENSEIGNEMENTS PRATIQUES

## Puerto Vallarta

**Renseignements touristiques**

Secretaría de Turismo del Estasdo de Jalisco
Dirección Regional de Turismo en Puerto Vallarta :
Juárez e Independencia
Planta Baja Palacio Municipal
☎01 (322) 2-02-42, 3-07-44 ou 3-08-44
⇏01 (322) 2-02-43
B.P. 48300 Puerto Vallarta, Jalisco, México
*(lun-ven 9h à 19h, sam-dim 9h à 13h)*

## État de Jalisco

Morelos, n° 102
Plaza Tapatía
Guadalajara (Jalisco)
México
B.P. 44100
☎614-86-86 ou 613-03-59
✆613-03-35
Renseignements touristiques pour l'État de Jalisco :
numéro sans frais au Mexique, ☎01-800-363-22 ou 658-22-22

## Bahía de las Banderas et État de Narayit

Le kiosque d'information touristique pour la Bahía de Banderas et l'État de Nayarit se trouve quelques kilomètres après Bucerias, au croisement avec la route nationale 200.

Delegación de Turismo de Bahía de Banderas y Nayarit Bucerias
☎(329) 8-00-49
✆(329) 8-04-15

Presidencia Municipal de Bahía de las Banderas
Valle de las Banderas (Nayarit)
☎(329) 1-00-35, 1-02-65 ou 1-03-50

Secretaría de Turismo (Nayarit)
Avenidad de la Cultura, n° 74
Ciudad del Valle
Tepic (Nayarit)
☎(32) 14-80-71 ou (32) 14-80-73
✆(32) 14-10-17

**Numéros de téléphone utiles**

**L'indicatif régional de Puerto Vallarta est le 322.**

Police : ☎2-01-23 ou 06
Croix-Rouge : ☎2-15-33

Consulat canadien : ☎2-53-98
Consulat américain : ☎2-00-69
Aéroport : ☎1-13-25
Gare maritime (Terminal Marítimo) : ☎4-04-27
Alcooliques Anonymes : ☎2-18-78 ou 2-55-88

**Hôpitaux**

Hôpital CMQ
365, Basilio Badillo
*(au sud du Río Cuale, au coin de la Calle Insurgentes)*
☎2-35-72

AMERIMED
Clinique médicale américaine
Plaza Neptune
Marina Vallarta
☎1-00-23 ou 1-00-24
≈1-00-26
*(à l'entrée de la marina; 24 heures sur 24)*

Hôpital Médasist
360, Manuel M. Déguez; 24 heures sur 24
*(au sud du Río Cuale, près de la Calle Insurgentes, au sud de la
Calle Basilio Badillo)*
☎3-04-44 ou 2-33-01

**Pharmacies**

Pharmacie CMQ
101 Candelaria et
365 Basilio Badillo
*(au coin de la Calle Insurgentes; ouvert 24 heures sur 24)*
☎2-29-41 ou 2-13-30

**Banque principale et banques émettrices de cartes de crédit**

Banamex (Visa, MasterCard)
180, Zaragoza
*(sur la place, en face de l'église de la Vierge de Guadalupe)*
9h à 15h
☎2-08-30, 2-19-98 ou 2-06-93 et 01-800-7-06-66

American Express
660, Morelos
☎3-29-55, 3-29-91 ou 3-29-29 et 01-800-00-33-33

MasterCard, Visa
277, Hidalgo
Bureau 3
☎316-58-59

**Bureaux de change**

Il existe plusieurs bureaux de change à travers la ville de Puerto Vallarta; les taux sont surtout affichés en dollars américains et en dollars canadiens. Près du Malecón, quelques bureaux acceptent également de changer les francs français, belges et suisses, le mark allemand ainsi que d'autres monnaies internationales.

Euromex
176, Zaragoza
*(sur la place d'Armes, au centre-ville)*
9h à 13h

Casa Tequila
Paseo Díaz Ordaz
*(au tournant du Malecón)*
9h à 21h

Centenario
480, Morelos
9h à 21h

**Poste**

Mexpost
584, Juárez
lun-ven 9h à 18h, sam 9h à 13h

---

## Les compagnies aériennes à Puerto Vallarta

---

Aéroport international
Gustavo Díaz Ordaz
Carretera a Tepic, km 7,5
☎1-13-25

Aeroméxico
Centre commercial Genovesa,
bureaux 2 et 3
☎4-27-77
Air Transat et Vacances
Air Transat
☎2-38-83

Alaska Airlines
☎1-13-50

American Airlines
☎1-17-99
Canadien International et
Vacances Canadien
☎1-07-36 ou 1-12-12

Continental Airlines
☎1-10-25

Delta Airlines
☎1-10-32

Mexicana de Aviación
Centre commercial Villas Vallarta, bureau G. 18
☎4-89-00 ou 4-97-96

Taesa
☎1-15-31

---

## Autocars

---

Différentes compagnies d'autocars font la navette entre Puerto
Vallarta et les autres villes du Mexique. Ces autocars sont
souvent très confortables; certains disposent même d'un
téléviseur, et l'on y sert du café et des sandwichs.

Elite
329, Avenidad Insurgentes
Colonia Emiliano Zapata
☎3-11-17

E.T.N.
258, Lazaro Cárdenas
☎3-29-99 ou 3-06-46

Estrella Blanca
180, Insurgentes
☎2-06-13 ou 2-66-66

Primera Plus
258, Lazaro Cárdenas
☎2-69-86 ou 3-11-17

Transportes Del Pacifico
Insurgentes, n° 282
☎2-56-22
Insurgentes, n° 100
☎2-10-15

Autotransportes Medina
Brasil, n° 1279
☎2-69-43

## Location de voitures

Avis
Aéroport international
☎1-11-12, 1-16-57 ou
01-800-70-777

Budget
Aéroport international
☎21-67-88
Ingreso, n° 1004
*(au nord, dans la zone hôte-lière)*
☎21-12-10, 22-67-60 ou
01-800-7000-17

De Alba
Aquiles Serdán, n° 194
☎2-29-59, 2-30-66 ou
2-35-76

Dollar
Aéroport international
☎2-17-27
Francisco Medina Ascencio,
n° 1728
☎3-13-54

National
Aéroport international
☎1-12-26, 2-05-15 ou
01-800-69-888

Quick
Francisco Medina Ascencio,
n° 1712
*(dans le nord de la ville, en face du Sheraton)*
☎2-40-10

Thrifty
Francisco Medina Ascencio,
n° 1712
☎4-07-75

## Location de scooters

| | |
|---|---|
| Moto Rent | Motos Vejar |
| Francisco Medina Ascencio, | Perú, n° 1204 |
| n° 39 | ☎2-31-39 |
| ☎2-17-65 | |

## Agences de tourisme

Quelques agences de tourisme proposent des tournées de la ville et de la région. Certaines balades conduisent jusqu'à San Blas et même jusqu'à Guadalajara en passant par les champs recouverts de lave du volcan Ceboruco, les plantations de *magueys* et la visite d'une distillerie à Tequila même. L'information concernant les excursions est disponible dans la plupart des hôtels. Voici les principales agences :

**Ecotour** *(Ignacio L. Vallarta, n° 243, ☎2-66-06)*

**Harris Tours** *(☎3-29-72)*

**Marina Tours** *(☎1-18-85 ou 1-19-42)*

**Viva Tours** *(Carretera al Aeropuerto, km 5,5, Terminal Marítimo, ☎4-04-10)*

Pour un service en français, prenez contact avec :

Roberto Bravo
Viajes Paraíso
Plaza Flamingos
1082, Avenida México
Bureau 303
☎2-03-90 ou 4-32-70
≈3-20-24

## Cours d'espagnol

Instituto Técnico Vallarta
Francisco Medina Ascencio,
n° 1050-3
☎3-22-08

Roberto Bravo
Plaza Flamingos
1082, Avenida México
Bureau 303

Colonia 5 de Diciembre C.P.
48350
☎2-03-90 ou 4-32-70
⌨3-20-24

## Les excursions

Il existe une multitude d'excursions possibles à Puerto Vallarta.
Ce qui explique la quantité de vendeurs qui, installés dans leurs
kiosques sur les trottoirs du centre-ville, proposent de tout
(balades en mer, locations de tout-terrain, visite d'hôtels) et qui
peuvent même vous vendre une copropriété à partir d'une
simple et inoffensive visite de plage. Pour vous rendre dans les
différents sites naturels de la région, il est préférable que vous
traitiez avec des agences réputées plus sérieuses. Vous
trouverez, dans le chapitre «Plein air», p 120, quelques-unes de
ces agences, classées selon les diverses activités qu'elles
proposent.

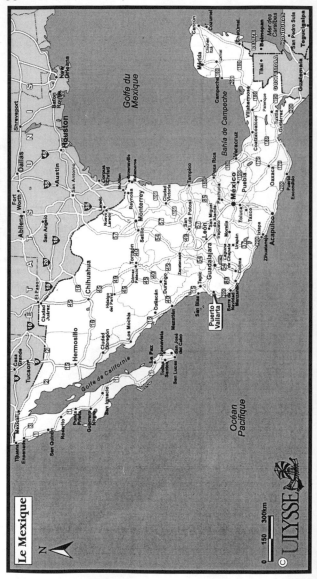

**Le Mexique**

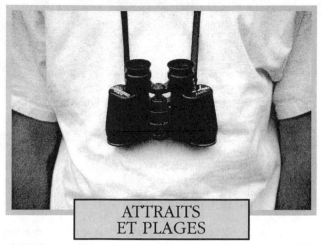

## ATTRAITS ET PLAGES

**P**uerto Vallarta réserve de belles émotions à ceux qui arpentent ses rues et qui profitent de ses plages. La meilleure façon de découvrir l'éblouissante cité balnéaire du Pacifique est encore de se laisser aller au rythme de sa vie quotidienne, comme le font les Mexicains, en flânant sur le Malecón, en fouinant dans l'une des magnifiques galeries de la ville, en visitant un musée, voire en se laissant choir paresseusement sur l'une de ses nombreuses plages.

 LA VIEILLE VILLE ★★

### Isla Cuale et au nord del Río Cuale

La rivière Cuale, au centre de laquelle se trouve l'îlot portant le même nom (Isla Cuale), sépare la ville de Puerto Vallarta en deux. On accède à l'une ou à l'autre de ses rives par deux ponts, chacun à sens unique : celui menant au nord conduit au quartier historique, l'autre vers l'arrondissement sud.

La partie nord, ou quartier historique du centre-ville, est sans doute la plus intéressante. C'est là, en face de l'éblouissante Bahía de Banderas (baie des Drapeaux), qu'a été aménagé El Malecón. Puis, les rues animées et les places publiques de ce même quartier permettent de mieux tâter le pouls de la vie quotidienne des habitants de Puerto Vallarta, tout en appréciant

## Visites guidées

Un circuit de visite guidée en autobus *(11$US)* permet de découvrir les principaux attraits de Puerto Vallarta : la cathédrale de la Vierge de Guadalupe, le Malecón, le quartier «Gringo Gulch», dans la haute ville, derrière la cathédrale, où les Américains firent construire de superbes résidences privées, dont celle où vécut le couple Richard Burton et Elizabeth Taylor (Casa Kimberley). Le trajet continue au sud de la ville, dans l'arrondissement résidentiel de Conchas Chinas, un luxueux quartier à flanc de montagne. Il y a également une visite de la Marina Vallarta et des principaux centres commerciaux. Certains circuits proposent des randonnées dans la forêt tropicale de la Sierra Madre ou des visites de plantations *(15$US)*. D'autres organisent des excursions d'une journée vers San Blas *(45$US)*, un petit village de pêcheurs au nord, dans l'État de Nayarit; aussi une excursion par avion d'une journée ou d'une nuit à Guadalajara est possible *(65$US à 75$US, plus frais d'aéroport)*.

l'architecture de ses vieux bâtiments coiffés de tuiles ocre ou orangées.

Le quartier situé au sud de la rivière Cuale recèle la plus grande concentration d'hôtels et de restaurants de Puerto Vallarta. Dans ce même arrondissement se trouvent les gares routières ainsi que la plage de Los Muertos.

### Église de la Vierge de Guadelupe ★ Templo de Guadalupe

Bien qu'elle ne date que du début du siècle (1903), l'église (rue Hidalgo, près de la Plaza de Armas) illustre assez fidèlement l'architecture pratiquée depuis l'arrivée des Espagnols et l'implantation du catholicisme. Elle est consacrée à la sainte patronne du Mexique, la Vierge de Guadalupe, que l'on fête le 12 décembre. Vierge au teint sombre apparue à l'Amérindien Juan Diego sur la colline où les Aztèques célébraient Tonantzin, la mère de leurs dieux, elle est le symbole de l'osmose entre les deux religions. L'église est surmontée d'une couronne qui

**Puerto Vallarta**

◯ **HÉBERGEMENT**
1. Buenaventura
2. Continental Plaza
3. El Pescador
4. Fiesta Americana
5. Holiday Inn
6. Kristal Vallarta
7. Los Tules
8. Qualton Club &
   Spa Vallarta
9. Sheraton
   Buganvillias
10. Suites Coral

◇ **RESTAURANTS**
1. Avanzaré
2. El Chiringuito
3. El Mirador
4. La Bamba
5. La Guacamaya
6. La Hacienda
7. La Villita
8. Las Gaviotas
9. Rio Grande
10. Tangaroa

*Bahía de Banderas*

Voir la carte du centre-ville

0   250   500m
Échelle approximative

© ULYSSE

## Promenade en bordure de mer - El Malecón ★★★

Les flâneurs d'El Malecón, longue promenade en bordure de mer, croisent plusieurs sculptures contemporaines, dont la plus célèbre, un bronze de Rafael Zamaripa représentant un *caballito de mar* (hippocampe de mer) chevauché par un enfant nu, mesure près de 3 m. *La Fuente de los Delfines* (la fontaine des dauphins) de l'artiste Octavio Gonzales symbolise Puerto Vallarta et sa ville jumellée, Santa Barbara en Californie. Parmi les autres œuvres embellissant la promenade, il y a celle nommée *Nostalgia*, de Ramiz Barquet, également auteur du magnifique *El Pescador* (le pêcheur), qui se trouve près du Mercado Municipal, la sculpture *Neptune et Nereide* ainsi que les créations d'Alenjandro Colunga et d'Adrián Reynoso, *La Naturaleza Como Madre*, imitation stylisée d'une vague océane, de même que des bancs ou chaises à dossiers élevés aux formes surréalistes. La promenade bénéficie également d'un amphithéâtre en plein air, situé près des célèbres «Arcades», où se déroulent toutes sortes d'activités et de manifestations culturelles. Le Malecón s'anime au coucher du soleil; c'est en effet à cet endroit que la fin du jour se veut la plus éblouissante et même la plus flamboyante.

De l'autre côté du Malecón, une fresque de Manuel Lepe évoquant dans un style naïf l'histoire de Puerto Vallarta depuis sa fondation orne les degrés du Palais municipal. Bordant l'artère du Paseo Díaz Ordaz, les boutiques de souvenirs rivalisent avec les luxueux magasins pour offrir aux visiteurs tous les biens de consommation. On y trouve aussi de nombreux cafés, bars, casse-croûte et restaurants.

évoque, disent certains, celle de l'impératrice Charlotte, épouse du malheureux empereur Maximilien, qui a régné sur le Mexique durant les années 1860. Quasi symbole héraldique des armoiries de la ville, cette couronne, endommagée lors du dernier tremblement de terre, a été restaurée. Lors d'une balade, une halte et une visite s'imposent dans ce lieu de quiétude aussi édifiant que rafraîchissant.

## Puerto Vallarta | Le centre-ville

### ● ATTRAITS

1. Templo de Guadalupe
2. El Malecón
3. Museo del Cuale

### ○ HÉBERGEMENT

1. Brisas del Mar
2. Casa Kimberley
3. Encino
4. Gloria del Mar - Maxim's Suites
5. Hotel Alegre
6. Hotel Suites Emperador
7. Los Arcos Suites
8. Los Arcos Vallarta-Hotel
9. Meza del Mar
10. Molino de Agua
11. Paco Paco - Descanso del Sol
12. Playa Los Arcos
13. Plaza Corazón
14. Posada de Roger
15. Posada Río Cuale
16. Puerto Vallarta Beach
17. Rosita
18. San Marino Plaza
19. Suites Vista al Oceano
20. Tropicana
21. Vallarta Cora
22. Vallarta Shores
23. Yasmin

### ◇ RESTAURANTS

1. Abadía Bassó
2. Alejandro's
3. Andale
4. Archie's Wok
5. Balam
6. Café Adobe
7. Café de Olla
8. Café des Artistes
9. Café Frankfurt
10. Café Lido
11. Café Maximilien
12. Café Olé
13. Café Trio
14. Chef Roger
15. Coco Tropical
16. Cuiza
17. Daiquiri Dick's
18. El Palomar de los Gonzáles
19. Jalapeño's
20. Karpathos Taverna
21. La Casa de Los Hot Cakes - The Pancake House
22. La Chata
23. La Corbeteña
24. La Dolce Vita
25. La Palapa
26. Le Bistro
27. Los Laureles
28. Los Pibes
29. Nanahuatzin
30. Pipi's
31. Planet Hollywood
32. Ritos Baci
33. Sr. Chico's
34. The Reporter Restaurant

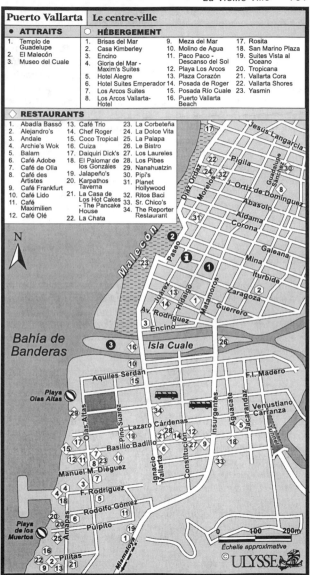

ATTRAITS ET PLAGES

**Musée d'anthropologie et d'archéologie - Museo del Cuale ★**

Habitée depuis près de 20 siècles, la Bahía de Banderas tout entière est riche en trésors huichols, coras et autres. D'importantes fouilles sont effectuées de façon méthodique dans l'État de Jalisco pour préserver les nombreuses traces du passé de cette région qui aurait compté jusqu'à 100 000 habitants avant l'arrivée des Espagnols. On a découvert des vases funéraires, des têtes en céramique, des objets domestiques, des bijoux et des armes, entre autres des pointes de flèche. Le Museo del Cuale (sur sa façade, d'abord inscrit en espagnol, s'ajoute «Musée», puis *Museum*), situé sur une île au centre de la rivière Cuale, en offre un assortiment qui, quoique modeste, vaut la visite. Ce musée, comme ceux plus importants de Guadalajara et de Tepic, relève de l'Institut national d'anthropologie et d'histoire.

**Isla Cuale ★**

Située sur la rivière Cuale, cette île luxuriante regroupe, outre le Museo del Cuale, plusieurs commerces, échoppes d'artisanat, restaurants, une galerie et un centre culturel. À l'extrémité, on y a aménagé un parc où, entre bosquets fleuris et grands arbres, quelques bancs ont été installés. On se rend jusqu'à la pointe pour la vue sur la rivière et sur les montagnes.

---

## Au sud del Río Cuale

---

La plus fréquentée des plages de Puerto Vallarta demeure celle de **Los Muertos ★★** ou **Playa del Sol**, son nom officiel. La plage, qui fait face à la majestueuse Bahía de Banderas (baie des Drapeaux), offre un site exceptionnel. Cette populaire plage s'étend de part et d'autre de la jetée; on y accède facilement par la rue Rodríguez. De nombreux restaurants et hôtels longent cette plage animée. Ces commerces fournissent – moyennant quelques consommations ou le repas – des chaises longues à l'ombre des *palapas* ou parasols. Tout au long de la journée, les baigneurs se font solliciter par des vendeurs ambulants. Ces derniers n'insistent pas lorsqu'on se montre peu intéressé à acheter. Néanmoins, il y a de bons achats à faire sur cette plage : poteries, céramiques, mobiles peints à la main, vanne-

# Bahía de Banderas

## ○ HÉBERGEMENT

1. Blue Bay Club Puerto Vallarta
2. Camino Real
3. Hotel Lagunita de Yelapa
4. La Jolla de Mismaloya
5. Majahuitas Resort
6. Presidente InterContinental
7. Vista Bahía

## ◇ RESTAURANTS

1. Acuario et El Anclote
2. Che Che
3. Chico's Paraíso
4. Chino's Paraíso
5. Don Pedro's
6. El Asadero
7. El Embarcadero
8. El Nogalito
9. El Patio Steak House
10. El Set
11. La Iguana Italiana
12. La Noche de la Iguana
13. La Perla
14. Le Kliff
15. Miramar
16. Ramada Miramar

ries, tissus et quantité d'autres belles pièces d'artisanat. À éviter : les brochettes de fruits, de poissons et de fruits de mer qui y sont proposées aux heures des repas.

Au nord de la Playa de Los Muertos – juste au sud de la rivière Cuale, qui délimite les deux parties de la ville – se trouve une autre belle plage, la **Playa Olas Altas ★**, qui signifie «hautes vagues». Les eaux de cette plage sont parfois troublées par les courants vaseux de la rivière Cuale, surtout en été, après de fortes pluies.

  ## LE SUD DE PUERTO VALLARTA

Au sud de Puerto Vallarta se trouvent d'autres superbes plages, plus petites certes, mais tellement plus tranquilles. Dissimulées entre les rochers, les plages de **Las Amapas ★** et de **Conchas Chinas ★** ont une eau claire. Accessibles par un sentier, que l'on emprunte au sud de la plage de Los Muertos, ces plages se situent en contrebas d'un ensemble résidentiel. Suspendues à flanc de colline, de luxueuses maisons et copropriétés démontrent une architecture parfois audacieuse. On peut s'y rendre également par le circuit régulier d'autobus faisant la navette de Mimaloya à Boca de Tomatlán; demandez au chauffeur de bien vouloir vous faire descendre à l'hôtel-restaurant El Set.

Le parcours qui longe la mer par la panoramique route nationale 200 s'effectue en autobus, et son coût n'est que de quelques pesos. La côte dévoile une suite d'anses et de baies encerclées par les pentes verdoyantes de la Sierra Madre. Puis, à l'emplacement de l'hôtel Camino Real, la plage **Las Estacas ★** déploie quelque 600 m de sable fin. Bordées de cocotiers, les plages de **Punta Negra ★** et de **Macumba ★** sont plus intimes. Ici, la mer est calme et l'eau d'une grande propreté.

Sur ce circuit apparaissent bientôt les îlots de **Los Arcos ★★**, des formations rocheuses de 25 m de hauteur sculptées par l'érosion et couvertes d'une végétation sauvage clairsemée. Le site a été déclaré **Parc national sous-marin** pour ses fonds exceptionnels. Plus loin, on rencontre **Mismaloya ★★**, dont la plage se situe dans une baie à l'embouchure du ruisseau Mismaloya. L'endroit est très populaire auprès des citadins mexicains qui retrouvent ici une ambiance toute villageoise et une population ayant su préserver ses coutumes et ses traditions ancestrales. C'est du côté sud du ruisseau que sont regroupés divers restaurants et casse-croûte (préférez le Ramada Miramar, au centre). En continuant la balade, on arrive à un sentier en bordure de la mer, lequel mène au lieu de tournage de *La Nuit de l'iguane* ou du moins ce qu'il en reste. Il y a une possibilité de louer une barque, ce qui permet de pratiquer la plongée sous-marine autour des rochers de Los Arcos ou la pêche en mer. Des tables et des chaises longues sont disponibles à l'hôtel Jolla de Mismaloya.

Toujours sur ce même trajet, l'autobus s'arrête en haut de **Boca de Tomatlán ★**. De la route, on emprunte une rue escarpée qui descend jusqu'au cœur du village, qui fait face à la mer. Au cours de votre marche, vous croiserez un petit marché de fruits et de légumes ainsi qu'une fabrique artisanale de *tortillas*, que l'on peut acheter pour emporter ou déguster bien chaudes sur place. La plage de beau sable blond s'étend de part et d'autre du Río Tomatlán, qui se déverse ici dans la mer. L'endroit recèle quelques restaurants proposant des spécialités de poissons et de fruits de mer. En bordure de la mer, le terrain devient rocailleux, et les déversements de la rivière viennent souvent troubler les eaux de la plage, particulièrement à la saison des pluies – de juin à septembre. Des bateaux-taxis desservent les plages de Las Ánimas, de Quimixto et de Yelapa.

Puis, en longeant la rivière Tomatlán, la route accentue sa montée jusque dans les hautes montagnes de la Sierra Madre. Cette route panoramique, qui se rend jusqu'à Barra de Navidad, vaut le détour, du moins jusqu'au restaurant Chico's Paraíso, qui semble avoir été construit en équilibre sur les rochers du Río Los Orcones. Sur le parcours, chutes et cascades se succèdent et, en certains endroits, de jeunes téméraires n'hésitent pas à plonger dans de profonds bassins, histoire de récolter quelques pesos. Un taxi fait le trajet à partir de Boca de Tomatlán; il en coûte environ 25 pesos *(3,50$US)*.

ATTRAITS ET PLAGES

  LA ZONE HÔTELIÈRE DU NORD

Cette zone, dans la partie nord de Puerto Vallarta, regroupe plusieurs hôtels. Ces ensembles hôteliers ont été construits sur les plages de **Las Glorias ★★** et **Los Tules ★★**, et le complexe s'étale jusqu'au Terminal Marítimo. Chaque plage d'hôtel est délimitée par des murets de pierres, et chacun des emplacements est strictement réservé à la clientèle de ces hôtels. On peut néanmoins bénéficier de ces plages et de leurs installations en devenant soi-même client dans l'un des nombreux restaurants et bars qui s'y trouvent. Ici, la mer est assez calme et favorise de ce fait la pratique du ski nautique et du vol libre en parachute.

Plus on avance vers Punta de Mita, dans la partie sud de la presqu'île donnant sur la baie des Drapeaux, plus le climat devient sec et la végétation rachitique. La première plage rencontrée, après le village de La Cruz de Huanacaxtle, est celle de **Manzanilla** ★★. L'endroit est réputé pour le restaurant Miramar, sur la plage, un bon endroit où déguster des poissons et des fruits de mer. La plage est subdivisée par une jetée de pierres. La mer y est calme, et le baigneur bénéficie d'une descente à l'eau peu accidentée lui permettant de s'avancer assez loin de la côte. Le site a la préférence des vacanciers mexicains qui n'hésitent pas à entamer la conversation avec les visiteurs étrangers.

Cinq kilomètres plus loin apparaît la grandiose plage de **Destiladeras** ★★★, sans doute l'une des plus belles de la région. Ses vagues, tantôt régulières et tantôt fortes, favorisent la pratique du surf. Un petit restaurant de plage, aux allures de casse-croûte, propose des *quesadillas* et des *tacos* aux affamés, des jus de fruits et des bières aux assoiffés – ici la chaleur est torride!

La plus tranquille des plages, difficile à trouver sauf pour les surfeurs qui connaissent déjà fort bien l'endroit, est celle de **Paraíso Escondido** ★★★ (le paradis caché). Un panneau en indique l'entrée à environ 5 km de Destiladeras; on doit ensuite emprunter un sentier de terre pour s'y rendre. Enfin **El Enclote** ★★, dernier village de la baie, possède aussi sa superbe plage, également bordée de nombreux restaurants de fruits de mer. Malgré la présence de grandes vagues, la plage est sécuritaire, et l'on peut s'avancer, en marchant dans l'eau, assez loin dans la mer.

**Marina Vallarta**

○ **HÉBERGEMENT**

1. Bel-Air
2. Marriott Casa Magna
3. Velas Vallarta
4. Westin Regina

◇ **RESTAURANTS**

1. Andrea
2. Garibaldi
3. La Terraza
4. Mikado
5. Mr. Nopal
6. Porto Bello
7. Rincón de Buenos Aires
8. Sazón

ATTRAITS ET PLAGES

Avez-vous visité notre site web
www.ulysse.ca ?

MARINA VALLARTA ★★

C'est l'un des plus beaux ports de plaisance du Mexique et sans doute l'un des plus fréquentés par les amateurs de navigation; on y compte 555 pontons d'accostage. La marina n'attire pas que les vacanciers qui séjournent dans les résidences et hôtels environnants. On y vient aussi pour profiter de tout ce que ce vaste complexe a à offrir : pour se baigner à sa plage de sable blanc parsemée de nombreuses jetées, pratiquer le sport nautique de son choix, aller à un spectacle de flamenco, ou tout simplement pour s'y promener. Son golf de 18 trous, avec ses lacs, ses lagunes et sa végétation luxuriante, connaît beaucoup de succès auprès des inconditionnels de ce sport. Face à la plage d'**El Salado ★★** ont été récemment construits de luxueux hôtels.

La marina organise, tous les deux ans, en février des années impaires, la **Regatta Marina del Rey-Puerto Vallarta**; les compétitions débutent près de San Diego, en Californie, et se terminent ici. Plusieurs activités se déroulent alors pour l'occasion, qui en est une aussi de festivités de toutes sortes. On trouve tous les renseignements concernant la Marina Vallarta dans la plupart des hôtels et des restaurants de la cité balnéaire de Puerto Vallarta.

 NUEVO VALLARTA

Le Nouveau-Vallarta, «Nuevo Vallarta» en espagnol, se situe au nord de l'aéroport, dans l'État de Nayarit, alors que la «vieille ville» de Puerto Vallarta se trouve dans l'État de Jalisco. En traversant le bouillonnant Río Améca, qui délimite la frontière des deux États, on rejoint un imposant boulevard bordé de cocotiers qui conduit à Nuevo Vallarta. L'emplacement est davantage un complexe touristique qu'un quartier urbain; néanmoins, le touriste trouve en ces lieux la plupart des services, un terrain de golf ainsi que de bons restaurants, des bars et des discothèques. De grands hôtels, tels le Sierra Radisson Plaza et le Club Marival, un hôtel-condominium propriété de la famille Rizzuto, ainsi que des résidences, principalement des copropriétés et des multipropriétés, y ont été construits autour d'un magnifique port de plaisance

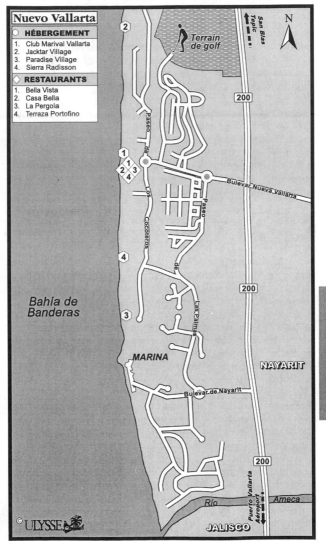

d'envergure internationale doté de tous les équipements modernes. Malgré que Nuevo Vallarta soit assez éloigné du centre de Puerto Vallata, il est possible de se rendre au cœur de la ville par taxi *(100 pesos, environ 12$US)* ou encore par autobus, dont le service est presque aussi rapide une fois sur la route *(6 pesos ou 0,80$US environ)*.

L'herméticité de certains hôtels de Nuevo Vallarta, véritables forteresses gardées, ainsi que l'éloignement du site ne facilitent pas l'utilisation des plages qui s'y trouvent. Il est étonnant de constater que certains axes routiers menant à ce vaste complexe d'allure floridienne, lequel abrite de luxueux hôtels, semblent avoir été laissés à l'abandon. Nombre d'hôtels proposent des forfaits «tout inclus».

## LES PLAGES ACCESSIBLES PAR LA MER

Plusieurs fois par jour, des bateaux transportent les touristes vers les plages de Yelapa, de Playa Quimixto et de Playa Las Ánimas, qui, autrement, ne sont pas accessibles par voie terrestre.

La **Playa Las Ánimas** ★★★ (plage des esprits) se situe au cœur d'un attachant village de pêcheurs. Sous les *palapas* des restaurants installés sur cette autre magnifique plage sont proposés des plats de poisson et de fruits de mer d'une fraîcheur incontestable.

La **Playa Quimixto** ★★★ plaît à ceux qui veulent concilier baignade et randonnée pédestre; on peut même se balader à dos de poney *(location sur place)*. Une jolie cascade se trouve à une demi-heure de marche de la plage.

La petite plage de **Majahuitas** était jusqu'à tout récemment quasi inconnue. Sise entre Quimixto et Yelapa, elle s'étend au pied des collines que couvre une dense forêt tropicale. L'endroit est préservé, et les agences y organisent peu d'excursions; **Majahuitas Resort** (voir p 142) est propriétaire des lieux et propose des séjours dans de petits bungalows.

**Yelapa** ★★★ est un paisible hameau de pêcheurs. Aujourd'hui, des cohortes de visiteurs envahissent quotidiennement cette plage protégée par une crique à laquelle s'agglutinent des restaurants, un hôtel rustique – hôtel Laguna de Yelapa – ainsi que des kiosques offrant tous les accessoires nécessaires à la pratique des sports nautiques; certains fournissent même leurs moniteurs. Sur place, remontez la rivière, facilement accessible à pied ou à cheval, histoire d'aller admirer les cascades de ce cours d'eau. Si vous aimez la tranquillité, évitez cette plage!

Le petit village de **Chimo**, à la pointe sud de la baie, était et demeure encore aujourd'hui inconnu de la très grande majorité des touristes. Ce petit éden compte plusieurs plages dissimulées le long de la côte. Des promoteurs et des entrepreneurs sont maintenant sur les lieux, et l'on parle développement écotouristique, tourisme d'aventure ou tourisme vert...

# LES ENVIRONS DE PUERTO VALLARTA

## Le sud

La région de Puerto Vallarta, autant pour la beauté de ses paysages que pour ses colorés et attachants villages, mérite d'être visitée. Vers le sud, la route longe les contours de la côte jusqu'à **Mismaloya** et **Boca de Tomatlán** avant de s'enfoncer dans la luxuriante forêt de la Sierra Madre. Cette route est bordée de profonds précipices et de torrents sinueux. Plus haut, le climat est plus sec et frais; la route se faufile entre montagnes et forêts de pins, dont l'économie locale puise sa subsistance, pour atteindre un haut plateau et le petit village d'**El Tuito**. C'est à cet endroit que l'on produit la *raicilla*, un alcool fait à base de *maguey* semblable à la *tequila*. On peut s'arrêter au Nuevo Restaurant Nena (voir p 167).

ATTRAITS ET PLAGES

## Le nord

Dans l'État de Nayarit, au nord, les environs de la baie des Drapeaux (*Bahía de Banderas*) présentent un relief plutôt plat, ce qui ne constitue pas moins un endroit fort agréable pour vivre au rythme du quotidien mexicain. Le premier village rencontré est **Jarretadera**, rien d'extraordinaire, sauf pour la rusticité des lieux. Un chemin de terre stigmatisé par l'érosion mène, entre une enfilade de maisons délabrées, au centre de ce village essentiellement résidentiel qui jouit d'un beau front de mer et d'une plage paisible. Quelques Américains et Québécois y vivent.

La région est un vaste territoire agricole où l'on trouve plusieurs plantations. Une terre riche et bien irriguée favorise la production maraîchère. Se récoltent ici la mangue, l'avocat, la papaye, la canne à sucre, le maïs et quantité d'autres cultures potagères. La population se concentre dans des villes ou villages qui se répartissent sur cette grande plaine. Si vous y faites une randonnée un dimanche, vous pourrez toujours vous arrêter à **San Vicente**, où, ce jour-là, se déroule la traditionnelle *charreada*. Ce genre de rodéo mexicain, typique de l'État de Jalisco, offre un spectacle qui apparaît aussi cruel que désolant à qui est sensible à la cruauté envers les animaux. Ce spectacle a beau faire partie de la culture locale, on ne peut que frémir à la vue de ces jeunes chevaux traumatisés par un cavalier qui, dans une poursuite effrénée, tente de les maîtriser. Triste spectacle en effet où le fouet et le lasso s'utilisent pour terrasser le cheval. Pour jeter par terre le jeune cheval, le cavalier doit passer son lasso autour des pattes de l'animal alors que celui-ci – en état de grande panique – court autour de l'arène. Ce jeu cruel a pour nom *paseo de la muerte*. On comprendra que l'assistance se compose presque exclusivement de familles locales, mais les Mexicains sont de plus en plus nombreux à désapprouver ce genre de divertissement et à participer à des campagnes de sensibilisation auprès des populations.

Il n'y a pas que du mauvais à San Vicente, car y règne une douce quiétude villageoise. Face à l'église, au centre du village, se trouve une place abritant un joli parc ombragé et servant également de marché public. C'est tout autour de cette place que se donne rendez-vous, dans l'une des nombreuses *taquerías* y ayant pignon sur rue, la gente masculine de l'endroit.

Si l'on s'enfonce davantage à l'intérieur du pays, on arrive à **San José del Valle**. Cette municipalité de moyenne importance vit presque exclusivement de l'économie rurale – fort active dans cette localité. On remarquera sur le grand boulevard du centre-ville, qui croise la route principale, une magnifique église de style colonial dont l'architecture imposante lui donne des allures de cathédrale. Le dimanche, les jeunes équipes de football régionales qui s'affrontent dans le parc municipal attirent autant les familles de ces adolescents que les amateurs de ce sport. La cité a malheureusement la réputation – auprès des gens de Puerto Vallarta – d'être une ville trop permissive envers la sexualité, en permettant la présence de nombreuses maisons closes dans la municipalité.

La route nationale 200, qui suit les contours de la baie jusqu'à La Cruz de Huanacaxtle, traverse **Bucerias ★**. Des restaurants, des *taquerías*, des terrasses, des boutiques, des magasins et d'autres commerces s'échelonnent sur cette longue route qui devient ici la principale artère municipale. L'église et la place sont en retrait et font face à la plage. Les rues avoisinantes sont bordées d'autres boutiques. Ces rues sont parcourues par des vendeurs itinérants qui proposent, suspendus à leurs charrettes qui sont autant d'échoppes ambulantes, des bijoux, de l'artisanat, des vêtements, etc. De nombreux autres restaurants, servant surtout des poissons et fruits de mer frais, une pizzeria ainsi que des terrasses longent la plage. Y vit une importante communauté américaine. Ils sont ici des centaines à posséder des résidences secondaires ou à profiter d'une location saisonnière, jouissant en ces lieux d'une paisible retraite. La petite ville, à proximité de la grouillante Vallarta, offre une quiétude aussi recherchée qu'appréciée. En outre, l'affluence des étrangers permet de trouver à Bucerias certains biens de consommation, des épiceries mieux garnies que dans les villages éloignés, des services médicaux adéquats, des agences de voyages, un service téléphonique direct avec les États-Unis, le Québec et le Canada, une blanchisserie, etc.

Au-delà de Bucerias, la route se divise en Y. À gauche, elle longe la côte et croise les villages de pêcheurs de **La Cruz de Huanacaxtle** et d'**El Anclote**, ainsi que les plages de **Manzanilla**, **Destiladeras**, **Paraíso Escondido** et **El Anclote**. La route mène à **Punta de Mita**, une longue presqu'île s'avançant dans le Pacifique; malheureusement, celle-ci est temporairement fermée afin de permettre la construction d'un vaste complexe hôtelier qui affectera sans aucun doute la beauté de ce site jusque-là unique et préservé des grandes visées immobilières. Chemin faisant, on peut entrevoir de part et d'autre de la route de nombreuses plantations de cactus (*nopales*), de mangues, d'avocats et de papayes. Ces destinations sont facilement accessibles par autobus *(10 pesos; service aux 20 min)*.

ATTRAITS
ET PLAGES

En continuant sur la route nationale 200, un peu après Bucerias, on roule dans les vallées de la Sierra Madre jusqu'à
**Sayulita** ★★; cette autre belle plage du Pacifique est fréquentée par une clientèle jeune, à savoir des familles ou des
couples, des hétéros, des gays ou des lesbiennes. Ici, pas de
grands hôtels pour troubler le panorama. On y trouve néanmoins des résidences de location telles que villas, bungalows,
maisons ou studios dont certains ont un accès direct à la plage.
Au sud de l'anse de Bucerias, on peut apercevoir un hôtel,
accroché aux rochers, qui s'intègre assez bien au paysage
environnant. Du côté nord de l'anse, la mer vient s'échouer sur
le sable en de longues vagues régulières. Cette plage d'environ
2 km a l'avantage d'être tranquille, sillonnée par quelques
promeneurs, baigneurs, surfeurs, et par d'incontournables
vendeurs, comme partout ailleurs dans les stations balnéaires
du Mexique; l'activité mercantile des vendeurs est ici bien
modeste comparativement à la cohue que l'on rencontre sur les
plages de la Bahía de Banderas. On trouve à Bucerias un bon
restaurant, le Don Pedro's (voir p 166). Ce restaurant est
construit au centre de l'anse et offre du haut de ses terrasses
un joli aperçu des environs. Les randonneurs bénéficient des
kilomètres de beaux rivages s'étirant au-delà de **San
Francisco** ★, la prochaine agglomération que l'on nomme
également San Pancho. Les surfeurs y affluent pour affronter
des vagues considérées comme les plus belles de la région. La
rue s'arrête sur une jolie place donnant sur la mer qu'obstrue
une enfilade de *palapas*. La rue est bordée de restaurants aux
belles terrasses. Un minuscule bar accueille la gente américaine
venue surveiller à l'écran les grandes manifestations sportives
de leur pays; moins amusant, ce petit singe, la mascotte de
l'établissement, perché dans un coin et retenu en captivité par
une corde. Au centre de la petite ville, une rue conduit au
Costa Azul Adventure Resort. Ce beau développement touristique propose, en plus de ses villas et studios luxueux, plusieurs
activités de plein air (surf, kayak, pêche, bicyclette, randonnées, excursions, etc.). Plus loin, le petit chemin sinueux
s'engage dans une forêt tropicale. Cette végétation dense
borde un littoral aussi accidenté qu'escarpé, dominant parfois
un haut promontoire qui offre des points de vue grandioses sur
la mer. Sur cette magnifique côte encore sauvage se trouvent
quelques riches propriétés isolées et d'accès difficile.

## Le quotidien à Puerto Vallarta, tel que vu et vécu par les auteurs

Si, pendant la saison touristique, les visiteurs de Puerto Vallarta vivent au rythme des vacances, il n'en va pas de même pour ses habitants. La plupart d'entre eux travaillant pour l'industrie hôtelière ou les services municipaux d'entretien, deux domaines où il faut être tôt à pied d'œuvre, c'est avec la population locale que, dès l'aube, s'animent les rues de la ville. Avant même que des groupes d'écoliers tout proprets arrivent en rangs serrés à destination de leurs premiers cours, des brigades volantes sont à l'œuvre. Armés de balais, brosses, seaux et serpillières, elles participent au grand nettoyage quotidien. On secoue les literies des chambres et des studios; on nettoie les bacs fleuris des terrasses; on frotte les marches des escaliers menant aux hôtels; on rafraîchit les trottoirs à grande eau. Quand, à son tour le touriste s'éveille, Puerto Vallarta est déjà astiquée dans ses moindres recoins. La ville entière est alors imprégnée d'une franche odeur de lessive, que remplacera peu à peu l'effluve des premiers cafés.

Sur la bande sablonneuse des plages, joggeurs et joggeuses de tous âges tiennent la forme au rituel pas de course; il est presque 8h. Ces athlètes prévoyants savent que, d'ici 30 min, les rayons de l'ardent soleil tropical rendront leur exercice impossible. Sur la jetée de la Playa de los Muertos, quelques lève-tôt regardent s'éloigner les derniers pêcheurs. Sur cette même plage, en plein cœur de la ville, s'amèneront vers 9h, mallette en bandoulière ou simple bouteille de crème solaire à la main, les premiers baigneurs et les fervents du bronzage. À La Palapa, l'un des multiples restaurants qui bordent la Playa de los Muertos, le patron Alberto Pérez Gonzalés transmet au personnel les directives de la journée, pendant que l'un des serveurs, Hectoro, s'affaire à disposer sur le sable déjà chaud les tables et les chaises longues remisées la veille. Sur la terrasse qui domine la plage se pressent, à l'ombre des treillis de feuilles de cocotier, les premiers clients venus se rincer l'œil sur la faune hétéroclite qui déambule ou encore venus se rassasier, qui d'un copieux *desayuno* local, qui d'un *breakfast* américain.

À 10h, la plage s'est déjà transformée en une grouillante artère piétonne. Une foule compacte et bigarrée, dont les tenues vestimentaires aussi légères soient-elles n'en sont pas moins d'un goût criard ahurissant, se dispute pour la possession des *palapas*, d'une table même minuscule ou au moins d'un siège. Ceux qui n'ont pas réussi à se caser vont se contenter d'occuper l'espace sablonneux disponible. La plage est maintenant devenue une mosaïque de serviettes aussi colorées que leurs occupants.

Circulant toujours en duo les gardiens chargés de la sécurité de la plage se promènent, imperturbables, parmi la masse étalée au soleil, veillant à ce que tout se déroule en bon ordre. Quant aux familiers des lieux, ces septentrionaux fuyant leurs froidures hivernales et que l'on appelle ici «oiseaux de neige», ils se sont installés un peu plus bas, à l'écart de la foule et du défilé des vendeurs ambulants venus proposer leurs marchandises aux baigneurs.

Puis 10h30... Les camelots tout juste arrivés annoncent à la cantonade les titres qui font la manchette des journaux de Puerto Vallarta et de Guadalajara, et même ceux des quotidiens américains. La plage rayonne maintenant d'une activité fébrile, à mi-chemin entre la foire et le bazar. Quelque part, bien au-dessus de cette fourmilière humaine, un audacieux parachutiste plane. Assis sur un siège intégré à une aile reliée par câble à un bateau à moteur qui se déplace le long de la baie, ce «client» – il s'agit d'une attraction très populaire auprès des touristes de Puerto Vallarta ne souffrant pas de vertige! – va se promener pendant une vingtaine de minutes entre ciel et terre avant d'atterrir en sécurité sur un point inoccupé de la plage. D'autres lui succéderont jusqu'à la fin du jour.

Au sol, les vendeurs ambulants proposent des marchandises de toutes sortes, des produits d'artisanat aussi bien que des gâteaux aux bananes, et vers 11h des brochettes de crevettes ou de poisson.

Puis 11h... Allant d'une cohorte de touristes à l'autre, un ventriloque fait chanter sa marionnette sur des airs de folklore mexicain. Quand les pièces se mettent à tomber dans son escarcelle, la marionnette salue et remercie chaleureusement. À leur tour, en duo, en trio et même par familles entières, s'amènent ménestrels et chanteurs, les mêmes que l'on retrouvera plus tard sur les terrasses des cafés et des restaurants.

À 11h30, de blanc qu'il était au départ, le teint des _gringos_ a tourné au rouge écarlate : effet du soleil peut-être, à moins que ce ne soit celui des bières, _margaritas_ ou rhums-colas répétés! À midi pile, les tables de La Palapa, un restaurant-terrasse, se font accueillantes, et les garçons prennent les premières commandes : du solide pour les affamés, du liquide pour les déshydratés.

Le soleil est au beau fixe... Un colosse aux pectoraux saillants portant en bandoulière un lourd coffret apparaît soudain. C'est «Monsieur Choco Banana», venu faire sa tournée de la plage. Sa marchandise, une banane surgelée préalablement trempée dans un chocolat chaud à la liqueur de café et ensuite enrobée de brisures de cacahuètes, trouve de nombreux preneurs et preneuses. À peine a-t-il quitté les lieux qu'une frêle dame du troisième âge, au visage ridé par le temps, prend sa place. Mais il est déjà un peu tard pour «Madame Choco Banana», d'autant plus que, contrairement à son concurrent, elle ne propose pas de «livraisons» à domicile.

Rares sont ceux qui quitteront leur périmètre ensoleillé avant la fin de l'après-midi. Toutefois, quand les garçons de La Palapa commenceront à planter dans le sable les torches destinées à éclairer la _cena_ (le dîner), on n'y retrouvera plus que quelques rares quidams.

ATTRAITS
ET PLAGES

## À l'est

À 62 km à l'est de Puerto Vallarta, dans les hautes montagnes, **San Sebastián del Oeste**, qu'encercle la forêt tropicale, était jadis un village minier fort actif – on y extrayait de l'argent – avec une population atteignant alors plus de 25 000 habitants. Aujourd'hui, le village n'est plus qu'un bourg où les 1 000 résidants jouissent d'une nature sauvage et de la tranquillité.

En poursuivant la randonnée en montagne, on atteint une route secondaire menant à **Talpa de Allende**, qui se situe dans une vallée juchée à plus de 1 200 m d'altitude. Dans ce village agricole de 7 000 habitants est fabriquée la fameuse pâte de goyave *rollo de guayaba*, tant réputée au Mexique. Au centre du village se trouve la cathédrale dédiée à la Vierge de Talpa. Un peu en retrait se sont regroupés quelques motels et une *hacienda* espagnole reconvertie en hôtel, lieu de départ d'excursions à cheval ou à bicyclette. Malgré que ces deux villages soient accessibles par la route, il est recommandé de s'y rendre par avion *(lun-ven; aéroport de Vallarta ☎1-12-04, Aerotaxis de la Bahía ☎1-19-90 ou 5-02-81)*.

# ACTIVITÉS DE
# PLEIN AIR

L es excursions en montagne, la pêche sportive en haute mer, le golf, la plongée sous-marine, le camping, le vélo et la baignade ne sont que quelques-unes des nombreuses activités qui sont proposées à Puerto Vallarta et dans ses environs. L'État de Jalisco est, rappelons-le, un éden qui n'a pas son pareil en Amérique du Nord, et les lieux propices à la pratique de toutes les disciplines sportives sont multiples. À vous de planifier vos vacances selon vos désirs. Que vous soyez seul, en couple, en groupe ou en compagnie de votre famille, il y aura toujours dans la région de Puerto Vallarta une activité qui saura plaire à chacun.

 PÊCHE SPORTIVE

La pêche sportive en haute mer est une activité très prisée des touristes séjournant à Puerto Vallarta ou dans d'autres lieux de villégiature du Mexique. Voici le calendrier de la pêche en haute mer selon les saisons...

En janvier, février et mars : maquereau du Pacifique, grand-coq de mer, thon.
En avril : maquereau du Pacifique, grand-coq de mer.
En mai : maquereau du Pacifique, grand-coq de mer, voilier.
En juin et juillet : voilier.
En août : macaire noir, macaire bleu, macaire rayé, voilier.

En septembre, octobre, novembre et décembre : macaire noir, macaire bleu, macaire rayé, voilier, thon, thazard bâtard.

On obtient tous les renseignements concernant l'obtention des permis nécessaires à la pratique de ce sport ainsi que la liste des maisons se spécialisant dans ce genre d'excursion en s'adressant à une agence de voyages ou à l'office municipal du tourisme de Puerto Vallarta *(lun-sam 9h à 21h; Plaza Principal, côté nord-est,* ☎*2-02-42)*.

L'un des meilleurs organisateurs de pêche en haute mer est sans contredit :

Raúl Gutiérrez
Paseo Díaz Ordaz et 31 de Octubre
*(à l'extrémité nord du Malecón)*
☎2-12-02.

# PLONGÉE

Pour la plongée, les sites les plus spectaculaires sont les Islas Marietas, Quimixto et les îlots rocheux de Los Arcos. On peut se procurer tous les équipements et renseignements à :

Chico's Dive Shop
Paseo Díaz Ordaz, n° 770-5
*(en face du Malecón)*
☎2-18-95 ou 2-54-39
✆2-18-97

Nuevo Vallarta
☎(329) 7-03-44

Vallarta Adventure
☎1-06-57 ou1-06-58

Vallarta Divers
17, Marina del Rey
☎1-04-92

Twin Dolphins Dive Center
7-A-B, Marina del Rey
Marina Vallarta
☎1-24-92

# LE VÉLO

Cette activité sportive est devenu si populaire à Puerto Vallarta que des agences proposent de multiples tours guidés dans les montagnes voisines, le long des sentiers panoramiques du Río Cuale et les villages environnants. Certains forfaits incluent les repas. Une randonnée dure habituellement cinq heures *(30$US; Sun Bike, Basilio Badillo n° 381, ☎2-00-80, joignez M. Hugo López)*

Bike Mex
361, Guerrero
☎3-16-80

 ## PROMENADES À CHEVAL

Le **Rancho El Ojo de Agua** *(180 pesos ou 25$US; tlj 10h à 13h et 15h à 18h; Cerrada del Cardenal, n° 227, Fraccionamiento Aralias, ☎4-06-07 ou 4-82-40, joignez Marie)* est spécialisé dans la location de chevaux et propose des randonnées guidées pour petits groupes de personnes à l'intérieur des terres, à travers les plantations, le long des cours d'eau, sous l'épaisse forêt tropicale et dans les magnifiques montagnes qui bordent la côte. Certaines excursions se prolongent jusqu'à cinq jours et comprennent la visite de villages éloignés de la Sierra Madre Occidental. Le **Rancho El Charro** *(☎4-01-14)* organise les mêmes activités équestres.

Plus petit, le **Rancho Manolo** *(km 12, Carretera a Barra de Navidad, Mimaloya, à droite sous le pont; réservations ☎2-36-94 ou 8-00-18)* propose la location de chevaux *(140 pesos ou 20$US/3 heures)* ou des promenades guidées de trois à neuf heures *(450 pesos ou 60$US/9 heures)* dans la vallée du Río Mismaloya. Le parcours mène à Chino's Paraíso et à El Edén, de paradisiaques parcs tropicaux. La rivière est une suite de cascades, de chutes et de bassins d'eau douce. Malgré la présence de plusieurs baigneurs, il est fortement recommandé de s'abstenir de la baignade.

La balade équestre se rend jusqu'aux lieux de tournage de *Predator*, un film mexicain à grand déploiement truffé d'effets cinématographiques, ce qui explique la présence d'un hélicoptère près du restaurant.

On peut aussi louer des chevaux près de la jetée de la Playa de los Muertos, rue Olas Altas.

PLEIN AIR

# GOLF

Le très populaire **club de golf Marina Vallarta** dispose d'un parcours de calibre international. Situé près des grands hôtels de la Marina Vallarta, il possède tous les services et équipements modernes. Des rabais sont consentis aux clients de certains hôtels se trouvant à proximité du golf *(réservation : ☎1-00-73 ou 1-05-45)*. Un autre 18 trous, le **Club de golf Flamingos**, se situe à Nuevo Vallarta. Un service de transport gratuit fait la navette à partir de l'hôtel Sheraton Buganvilias tous les jours à 7h30 et à 10h avec retour à 13h et 16h; on trouve sur place un restaurant, un bar ainsi qu'une piscine *(43$US, 33$US après 15h; ☎8-02-80 ou 8-06-06)*.

# PARC AQUATIQUE

Les glissoires d'eau **Mayan Palace** *(tlj 11h à 19h; Paseo de la Marina Sur, Marina Vallarta, ☎1-11-55 ou 1-15-00, poste 608)* sont situées face au Mayan Palace Resort. Le complexe comprend plusieurs glissoires dont deux avec pneumatiques, une partie réservée pour les jeunes enfants, une piscine et un restaurant. Le parc aquatique demeure un bon endroit où se rafraîchir, mais, un conseil, évitez d'avaler ou d'inhaler malencontreusement de l'eau, qui, très certainement, n'est pas distillée!

# EXCURSIONS EN MER

Avec l'aide du gouvernement des États de Jalisco et de Nayarit ainsi que des entrepreneurs privés, le gouvernement mexicain a mis sur pied un important plan de développement de l'industrie touristique de toute la région de la baie des Drapeaux (Bahía de Banderas).

Les environs de Puerto Vallarta regorgent de sites merveilleux et même paradisiaques où il fait bon aller se baigner ou pique-niquer. Les excursions les plus goûtées sont celles qui mènent aux plages isolées de **Yelapa**, de **Playa Quimixto** et de **Playa Las Ánimas**, qui ne sont accessibles que par la mer.

Des entreprises proposent des forfaits aller-retour comprenant le petit déjeuner et le déjeuner sur place pour 150 pesos à 250 pesos (20$US à 32$US environ) avec un arrêt aux îlots de Los Arcos, dans le parc national marin, où on loue des équipements de plongée. Les départs se font à 9h quotidiennement du Terminal Marítimo, et les retours vers 16h.

Voici quelques-uns des principaux organisateurs de balades en mer qui proposent des forfaits incluant le petit déjeuner et d'autres incluant le déjeuner, la boisson à volonté ainsi l'équipement de plongée et parfois des kayaks.

**Curceros Princesa** *(tlj 9h à 16h; Paseo de las Garzas, n° 100-B,* ☎*4-47-77)*. Los Arcos, Las Ánimas, Quimixto, Majahuitas, Yelapa et Islas Marietas.

**Bora Bora** *(tlj 9h30 à 17h; Carretera Aeropuerto, km 3,5, Hotel Vallarta Beach,* ☎*4-36-80 ou 4-54-84)*. Los Arcos, Quimixto et Las Ánimas.

**Buenaventura** *(tlj 9h à 17h; Paseo Díaz Ordaz, n° 770-21,* ☎*3-03-09)*. Los Arcos, Quimixto et Las Ánimas.

**Cielito Lindo** *(tlj 9h30 à 16h;* ☎*2-18-77 ou 2-43-37)*. Exploration à Los Arcos et à Las Ánimas.

**Ecotour** *(Ignacio L. Vallarta, n° 243,* ☎*2-66-06)*. Observation des baleines, promenade en kayak ou en voilier.

**Marigalante** *(tlj 9h à 17h;* ☎*3-03-09 ou 3-16-62)*. Sur une réplique d'un galion espagnol – Los Arcos, Las Ánimas et Quimixto.

**Vallarta Adventure** *(tlj 9h à 16h; Marina Golf, bureau 13, Marina Vallarta,* ☎*1-06-57 ou 1-06-58)*. Visite des Islas Marietas, plongée sous-marine et observation des baleines.

**Princesa Vallarta** *(tlj 9h30 à 16h30;* ☎*4-47-77)*. Exploration des fonds marins de Los Arcos et de Las Ánimas.

**Sea Mi amor** *(tlj 10h à 16h; Lazaro Cárdenas, n° 536,* ☎*2-41-16)*. Los Arcos, Las Ánimas et Quimixto.

**Viva Tours** *(Carretera à l'Aeroporto, Terminal Marítimo,* ☎*4-04-10, 4-80-03 ou 4-80-26)*. Découverte de la baie à bord d'un trimaran. La balade a lieu de jour ou le soir.

**Sunset Cruise** *(*☎*4-47-77)*. Le bateau sillonne la baie au coucher de soleil.

On peut également prendre un bateau-taxi au départ de l'hôtel Rosita (au nord du Malecón) *(11h30)*, à la jetée de la plage Los Muertos *(10h30 ou 11h)* ou à Boca de Tomatlán *(16h ou 17h30)*. Il est préférable de vérifier les horaires la veille de votre excursion. Comptez environ 100 pesos à 120 pesos (12$US à 15$US) pour un aller-retour.

Au sud de Punta de Mita se trouvent les **Islas Marietas ★★**, une réserve ornithologique marine. Le site est très apprécié des amateurs de plongée qui trouvent en ces lieux de superbes grottes sous-marines et des eaux habitées par une colonie de dauphins et de raies mantas géantes. On peut également y observer des baleines grises et globicéphales qui viennent ici se reproduire de février à avril. La plupart des excursions disponibles proposent différentes activités : plongée, tour de l'île, randonnées en kayak, etc. Certains forfaits incluent les repas. Pour des renseignements, prenez contact avec un agent de voyages (les prix varient entre 40$US et 70$US).

D'autres excursions sont possibles : une tournée de la baie au coucher de soleil *(Marigalante* ☎*3-03-09 ou Princesa Vallarta* ☎*4-47-77)*, ou encore un dîner-croisière.

 # MONTGOLFIÈRE

**Paseos en Globo Aerostático** *(120$US ou 150$US; tlj 6h45 à 9h et 16h30 à 19h; Morelos nº 530,* ☎*3-20-02 ou 3-05-76)* propose tous les matins un vol en ballon à partir de San José del Valle pour atterrir à Nuevo Vallarta. Le soir, le départ se fait depuis l'hôtel Continental Plaza, dans la zone hôtelière, pour se poser à San José del Valle. Le ballon survole les abords de la côte et de la cité, de la plaine environnante avec ses villages et ses plantations, alors que la lumière rasante et les teintes chaudes du soleil amplifient les reliefs qui sont alors à leur plus beau.

# HÉBERGEMENT

**D**ans le présent guide, nous avons classé les différentes formules d'hébergement en cinq catégories de prix que vous trouverez ci-dessous. Les prix, mentionnés en dollars américains (US), sont établis sur la base de la location d'une chambre pour deux personnes, taxe de 15 % incluse, petit déjeuner non inclus. Lorsque le terme formule «tout inclus» est indiqué, cela signifie que tous les repas et les boissons sont inclus dans la location de la chambre. Voir aussi le tableau des symboles au début du livre.

| | |
|---|---|
| **$** | moins de 30$ |
| **$$** | de 30$ à 50$ |
| **$$$** | de 50$ à 70$ |
| **$$$$** | de 70$ à 100$ |
| **$$$$$** | plus de 100$ |

La plupart des hôtels mentionnés se situent dans des zones urbaines spécifiques et se partagent une bonne part de la clientèle touristique de Puerto Vallarta. Le nord de la ville abrite une grande concentration d'établissements hôteliers et regroupent les principaux hôtels. Les bâtiments hôteliers de l'artère du Paseo de Las Palmas et de la Marina Vallarta se dressent en rangées successives et regroupent plusieurs établissements de haut calibre. Dans le centre-ville, des hôtels plus modestes proposent des chambres ou des studios dont l'emplacement permet de profiter pleinement de la vie «vallartoise». Au sud s'élèvent d'autres luxueux hôtels, certains juchés au sommet d'abruptes falaises et d'autres à proximité des plages. À Nuevo

Vallarta, la plupart des hôtels appliquent la formule «tout inclus»; dans les forfaits qui sont proposés par les différentes agences de voyages, l'hôtel est souvent inclus dans le prix du billet d'avion, de même que le transport entre l'aéroport et l'établissement, et l'inverse pour le retour.

 # LA VIEILLE VILLE

## Rive nord et rive sud du Río Cuale

C'est dans ces arrondissements nord et sud de Puerto Vallarta que l'on retrouve la plupart des hôtels bon marché. Ceux et celles qui désirent vraiment vivre le quotidien «vallartois» seront ici comblés. Outre le fait qu'ils bénéficient d'établissements fort bien tenus, de la proximité de la plage et des meilleurs restaurants de la ville, ils profiteront ainsi de la présence des nombreux commerces et cafés qui s'y trouvent.

## Au nord du Río Cuale

L'avenue México, la principale artère au nord de la ville, est aussi achalandée que bruyante. En outre, ses voies parallèles de services ainsi que les rues avoisinantes n'étant pas toutes pavées, un nuage de poussière y plane par temps sec. Ce coin est malgré tout une zone résidentielle où se trouvent quelques restaurants, des boutiques, un cinéma, un supermarché (Plaza Ley), une station-service Pemex ainsi qu'une variété de petites échoppes commerciales. Un plus bas, un peu en retrait de cette avenue México qui dévoile un urbanisme anarchique, se dresse l'hôtel **El Pescador** *($-$$$; bp, ≡/⊗, ≈, tvc, ☎; Paraguay nº 1117, à l'intersection avec la rue Uruguay, ☎2-21-69 ou 2-18-84, pour réservation au Mexique 01-800-23-610-00, ≈3-20-00).* Le hall mène à une jolie terrasse donnant sur la Playa Camarones; les meilleures chambres disposent d'un balcon avec vue sur la mer et offrent pour la plupart deux grands lits; les chambres sont climatisées. Les autres, plus modestes, sont du côté de la rue, et certaines peuvent loger jusqu'à six personnes.

## Casa Kimberly : le nid d'amour d'Elizabeth Taylor et de Richard Burton

En janvier 1964, Elizabeth Taylor débarquait à son tour. Désirait-elle veiller sur la vertu de l'acteur qui, dans le film, se laisse séduire par une nymphette (Ava Gardner), discuter avec lui de leur avenir cinématographique ou tranquillement savourer une «pré-lune de miel» de deux mois avant leur mariage à Montréal? À Burton et Taylor forcés d'affronter d'abord les péripéties d'un double divorce, Puerto Vallarta, village de pêcheurs inconnu des journalistes, allait offrir un havre de paix. Ils s'installèrent dans une grande propriété de trois étages au toit en tuiles du pays, avec des patios enclos de gracieuses grilles en fer forgé et des terrasses que citronniers, cocotiers, papayers et bananiers protégeaient des ardeurs du soleil. Le joli ponceau à la vénitienne (il a un petit côté pont des Soupirs) qui enjambe l'étroite venelle du quartier Gringo Gulch – dans la haute-ville, derrière la cathédrale – mène aux autres pièces de la propriété. Fort spacieuse, la résidence n'était cependant pas trop grande pour abriter les deux comédiens, les enfants de Liz, les chiens, les chats, les oiseaux, les valises et le personnel. La Casa Kimberly – c'était le nom de la propriété – leur plut tellement qu'ils s'en portèrent acquéreurs. Ils y revinrent plus d'une fois, et leur présence ne contribua pas peu à la réputation de la station balnéaire.

🏖 La **Casa Kimberley** *(50$ à 85$ en saison, rabais de 50% hors saison; pdj; Calle Zaragoza nº 445, ☎2-13-36)* a été transformée depuis avec succès en un «couette et café» (*bed and breakfast*). Sans doute la perspective de dormir dans la même chambre que l'orageux couple met-elle du piquant dans les nuits des occupants de passage, car la villa demeure une incontournable attraction. Les murs de ses grands salons sont ornés de nombreuses photos illustrant les moments heureux que Burton et Taylor, alors jeunes amoureux, y vécurent.

🐌 Dissimulées au centre de la zone résidentielle au nord, en retrait de la zone hôtelière, dans un autre environnement quelque peu disparate, se trouvent les **Suites Coral** *($$; bp, ≡, ⊗, tvc, ☎, ℂ, ≈; Sierra Aconcagua, n° 140, ☎2-40-84 ou 2-40-74)*, d'anciens motels que l'on vient à peine de restaurer. L'accueil est ici chaleureux et le personnel d'une grande gentillesse. Les chambres-studios sont réparties en enfilade sur un seul côté de la cour, qui s'étire en longueur et tient lieu autant de jardin que de stationnement. Au centre s'étend une terrasse couverte et pourvue de tables et de chaises; un peu plus au fond de cette même terrasse niche la piscine. La rénovation a été faite avec goût. Les intérieurs dévoilent d'harmonieux agencements de couleurs avec de beaux carreaux de céramique mexicains aux motifs fleuris. Le mobilier de la chambre comme du coin cuisine est des plus modernes. La cuisinière, le réfrigérateur et le lavabo sont camouflés à l'intérieur d'un comptoir, de même que la petite table de service. Le grand lit a été placé au fond de la pièce, discrètement encastré dans un demi-mur permettant l'entrée de la lumière du jour. Au pied du lit, un divan-lit permet d'accueillir une autre personne. La plage la plus proche se situe à quelques minutes à peine, derrière les grands hôtels qui bordent la mer, de l'autre côté du boulevard Francisco Medina Ascencio.

Au centre-ville, adjacent au Río Cuale et à proximité de ce que l'on nomme «le premier pont», l'hôtel **Encino** *($$-$$$; bp, ≡, ↝, ℂ, tv, ☎, ≈, ℜ; Juárez n° 122, ☎2-00-51 ou 01-800-3-26-36 pour réservation au Mexique, ↝ 2-25-73)* propose, au mois ou à la journée, des tarifs fort intéressants. Les chambres sont bien entretenues, et les galeries, donnant sur une cour intérieure où coule une jolie fontaine, procurent à la clientèle une fraîcheur bienfaisante. Quelques tables et fauteuils permettent de profiter de cette oasis invitante. Au sommet de l'hôtel se trouve un restaurant avec terrasse et piscine. Cet endroit offre une belle vue sur la ville, les montagnes et la mer. De confortables studios ont été aménagés dans le bâtiment voisin de l'hôtel. Ces studios de une ou deux chambres possèdent un coin cuisinette et un salon servant aussi de salle à manger. Les pièces, où de grandes portes coulissantes s'ouvrent sur un balcon donnant sur la rue, ne sont pas climatisées, mais sont suffisamment aérées par les pales des ventilateurs de plafond installés dans chaque pièce.

L'hôtel **Rosita** *($$-$$$; bp, ≡, ⊗, ≈, ℜ, tvc; Calle Paseo Díaz Ordaz, nº 901, ☎3-21-85 ou 3-21-42)*, à l'extrémité nord du Malecón, se fait discret dans le tohu-bohu des alentours. Les chambres (90 au total) sont simples et propres; on y dénombre quelques suites plus confortables, et le personnel y est des plus agréables. La terrasse et la piscine reçoivent l'ombre bienfaisante des palmiers et donnent sur la mer. L'hôtel avoisine le marché de poissons de Puerto Vallarta, et l'endroit est le point de départ des bateaux-taxis faisant la navette aux plages de Yelapa, de Quimixto et de Las Ánimas.

## Au sud du Río Cuale

Attenant au très populaire Café de Olla, l'hôtel **Yasmin** *($-$$; bp, ⊗, ⊄; Calle Basilio Badillo, nº 168, ☎2-00-87)* accueille surtout une jeune clientèle qui ne se soucie guère de la simplicité des installations. Dans un style motel américain, les chambres se répartissent sur deux étages; leurs murs de briques blanches ne reçoivent aucun élément décoratif. Au centre de l'ensemble, dans une cour intérieure à peine ombragée, ont été disposées quelques tables et chaises pour le besoin de la clientèle.

Les **Suites Vista al Oceano** *($-$$$; bp, ≡, ⊗, ≈, ⊗, ℂ; km 1,2 Carretera a Barra de Navidad, ☎3-07-08)* sont situées tout en haut d'une colline. Malheureusement, la vue sur l'océan est partiellement cachée par le mur de béton que constitue l'hôtel Tropicana. Les 10 chambres, grandes ou petites, sont par contre protégées du bruit de la route par la colline, qui sert d'assises aux fondations de l'hôtel. Les suites y sont coquettes, et chacune est reliée à un balcon.

Les propriétaires du Paco Paco, le bar gay le plus populaire en ville, ont acquis l'hôtel **Paco Paco - Descanso del Sol** *($-$$$$; bp, ≡, ⊗, ≈, ℂ; Calle Pino Suárez, nº 583, ☎2-02-77 ou 1-800-936-3646, ⇒2-67-67)*. La magnifique propriété domine la ville et profite de sa proximité. On y propose une dizaine de chambres et de studios bénéficiant balcons. La terrasse, sise sur le toit de l'immeuble, a été aménagée en gradins. On y trouve une petite piscine et un bar qui se veut aussi animé l'après-midi que le soir.

Le **Vallarta Cora** *($$; bp, ≈, ⊗, C; Pilitas, n° 174, ☎3-28-15, courriel : coragay@pvnet.com.mx, contactez Mario Lavoie)* est un hôtel prisé de la communauté homosexuelle nord-américaine. Agréablement situé à proximité des activités urbaines, il profite d'un emplacement tranquille (quelque peu en retrait) à l'extrémité d'une venelle, la rue Pilitas. Une montagne délimite le terrain arrière et sert de rempart à une coquette cour sur laquelle donnent quelques-uns des appartements de l'hôtel. Les pièces de chaque logis (cuisinette et salle de séjour) sont joliment décorées de carreaux de céramique aux teintes vives et chaudes; les salles de bain sont spacieuses. La célèbre plage de Los Muertos se trouve à une centaine de mètres d'ici.

Non loin de la plage de Los Muertos, l'hôtel **Posada de Roger** *($$; bp, ≈, ⊗, ≈, ℛ, C, tv, ☎; Calle Basilio Badillo, n° 237, à l'angle de la Calle Ignacio L. Vallarta, ☎2-08-36 ou 2-06-39, ≈1-11-48)* propose des chambres avec des balcons donnant sur la fébrile artère; on se trouve ici au cœur de l'action «vallartoise». La cour intérieure est parsemée de plantes et d'arbustes verdoyants; il y a une terrasse avec piscine sur le toit. L'établissement, de belle allure et bien tenu, a acquis une excellente réputation et fait aussi la location sur une base mensuelle.

À l'angle de la trépidante Calle Ignacio L. Vallarta, la **Posada Río Cuale** *($$; bp, ≈, ⊗, ≈, ℛ, tvc; Aquiles Serdán 242, ☎322-2-04-50, 2-09-14 ou 2-11-48)* est un charmant hôtel d'un vingtaine de chambres dont quelques-unes donnent sur un patio fort bien aménagé. Son bar-restaurant, près de la piscine, est fréquenté par une clientèle paisible.

La rue Olas Altas, parallèle à la mer, est une artère fort achalandée. En fin de journée, après la plage, les touristes qui empruntent cette rue pour se rendre au centre-ville s'attardant çà et là dans les restaurants, bars et boutiques qui s'y succèdent. C'est dans ce bourdonnant environnement que se situe l'**Hotel Alegre** *($$; bp, ≈, ⊗, ℛ, tvc, ≈; Francisca Rodríguez, n° 168, ☎/≈2-47-93)*. Étrangement, l'intérieur de cet hôtel jouit d'un calme absolu et fait profiter sa clientèle d'un petit patio fleuri et doté d'une piscine. Le paisible endroit accueille de nombreux vacanciers américains qui profitent de prix plus abordables que chez les grands concurrents qui avoisinent l'établissement. Les chambres sont modestes et peu décorées, même si la dernière rénovation de l'hôtel remonte à deux ans.

Le **Brisas del Mar** *($$-$$$; bp, ≡, ⊗, ≈, C; Privada Abedus, n° 10, ☎2-18-00 ou 2-18-21, ⇒2-67-07)* est une filiale de l'hôtel Tropicana, situé plus bas. L'établissement hôtelier n'est pas de construction récente, mais ses appartements sont fort bien entretenus par un personnel courtois et gentil qui ne dédaigne pas un petit pourboire de temps à autre. En contrebas, sur la grande terrasse avec piscine qui domine la mer, on a récemment installé un bar abrité sous un toit de *palapas*. Ce bar diffuse jusqu'à tard dans la nuit et, tous les soirs, le même scénario se répète : une musique criarde qui oblige à fermer la porte de sa chambre où l'on aimerait tellement mieux entendre le bruit des vagues! Cette situation devient assez rapidement insupportable; de plus, les établissements voisins ne sont guère plus discrets quand vient le temps de faire la fête : tous les prétextes et toutes les occasions se présentent, les rumeurs nocturnes de *fiestas* sont quasi quotidiennes. Il faut alors se résigner à dormir sous le vacarme des vieux appareils de climatisation ronflants. À côté de l'hôtel, un long escalier mène à la mer et à la basse-ville; bien ombragé par des bougainvilliers et par des arbres fruitiers tropicaux, il est bordé de coquettes maisons. La première rue à droite, au bas de l'escalier, conduit aux différents quartiers du centre-ville. L'hôtel offre des rabais à la semaine ou au mois; les meilleurs tarifs étant accordés aux voyagistes, il est donc préférable de demander à ces derniers de profiter de ces forfaits lors de la préparation de votre séjour.

L'**Hotel Suites Emperador** *($$-$$$; bp, ≡, ⊗, C; Amapas, n° 115, au coin de Rodolfo Gómez, ☎2-33-29, ⇒2-33-29)* a été repris par les sœurs Cornejo, Liney et Alexandra, qui projettent de rénover ces lieux encore très propres, mais qui se sont quelque peu défraîchis avec les années. L'endroit est calme et favorise le repos. Les studios de une, deux ou trois chambres comprennent un très grand lit ou deux lits doubles ou simples, selon la demande; un divan-lit est ajouté dans les plus grands studios. Chaque logis a son balcon qui domine la rue très animée durant le jour; il faut aller en haut, sur la terrasse, pour bénéficier d'une jolie vue sur la mer, cachée malheureusement en partie par les hauts hôtels et appartements sis de l'autre côté de la rue.

L'imposant et austère édifice de 220 chambres, formant une muraille bétonnée sur le front de mer, est nul autre que l'hôtel **Tropicana** *($$-$$$; bp, ≡, ⊗, ≈, ℜ, ☎; Calle Amapas,* *n°   214, ☎2-09-12, ⚏2-67-37).* L'hôtel s'est associé à de nombreuses agences de voyages et propose d'intéressants forfaits. Même si l'édifice n'est pas d'un grand intérêt architectural, les balcons ont au moins l'avantage de donner directement sur la mer, ce qui en fait, malgré tout, un endroit plutôt agréable. Les chambres sont décorées modestement, mais l'accueil est sympathique malgré l'ampleur de l'hôtel.

🦐 Avant-dernier d'une série d'hôtels installés sur la plage, dont il se démarque par ses couleurs vives, l'hôtel **Puerto Vallarta Beach** *($$-$$$; bp, ≡, ⊗, ≈, ℛ, ℝ, tvc, ☎; Malecón y Almendro, n° 4, ☎2-50-40 ou 2-21-76, ⚏2-50-40)* profite d'une oasis de quiétude. On trouve très peu de circulation automobile dans les environs, et les clients apprécient ces lieux calmes où ils peuvent se baigner de façon nonchalante dans la piscine installée sur le toit de l'hôtel, à côté du restaurant, tout en y scrutant les diverses activités qui se déroulent sur la plage tout en bas. Au moins 16 des 40 chambres offrent une vue imprenable sur la mer à partir des balcons. Toutes les chambres sont impeccables, et leur chaleureuse décoration de carreaux de céramique peints dévoile toute la richesse de cet art prolifique au Mexique. On peut obtenir d'avantageux forfaits de séjour dans cet établissement auprès des agences de voyages.

À deux rues de la mer se trouve, au fond d'une impasse, **Los Arcos Vallarta-Hotel** *($$-$$$$; bp, ≡, ⊗, ≈, ℂ, ℝ, tvc, ☎; Manuel M. Diéguez, n° 171, ☎2-17-12, 2-15-83 ou 1-800-648-2403, ⚏2-24-18),* anciennement le Fontana del Mar. Son architecture reflète une influence espagnole. Ce petit hôtel abrite 40 chambres récemment rénovées et meublées dans un style léger où les teintes blanches dominent. Le beau bleu royal des couvre-lits et des coussins ajoute un bel effet à ces lits et fauteuils de couleur nacrée. Quelques chambres possèdent une cuisinette et un balcon. Comme beaucoup d'autres établissements, la piscine et la terrasse se trouvent sur le toit, d'où l'on a une jolie vue sur la ville et la baie. À la plage, les clients profitent des services de l'hôtel Playa Los Arcos voisin.

Le **Gloria del Mar - Maxim's Suites** *($$$; bp, ≡, ℂ, ☎; Amapas, n° 114, ☎2-51-43, ⚏2-67-37)* loue des studios qui, même s'ils ne sont pas luxueux (sans grande décoration), sont tous bien orientés vers la mer. La terrasse est assez vaste, et l'on y a installé le coin cuisinette de même que la salle à manger. La plage se trouve juste au pied de l'hôtel mais, pour profiter de la piscine, il faut se rendre au Tropicana voisin.

Bordant l'hôtel Puerto Vallarta Beach, la rue longe un muret surmonté d'une grille derrière laquelle de beaux arbres déploient leurs majestueuses ramures. Les portes grillagées s'ouvrent sur un long escalier conduisant à la **Plaza Corazón** *($$$ pdj; bp, ⊗; Amapas, n° 326, ☎2-13-71)*, où le temps semble s'être arrêté. Cet endroit vieillot, malgré ses quelques décennies d'existence à peine (construit sans doute dans les années soixante-dix), a tout de même un petit côté intime et chaleureux à la fois. La partie ancienne du bâtiment a été construite sur trois étages superposés à flanc de colline. Les deux paliers inférieurs bénéficient d'une vaste terrasse sur laquelle les 14 chambres ont une vue remarquable; toutes les chambres ont leur entrée privée, et chacune est meublée de deux lits (un lit double et un lit simple) et profite d'une généreuse fenestration. La climatisation étant absente, on n'a d'autre choix pour se rafraîchir que de dormir sous les pales du ventilateur; c'est également la seule façon de chasser les moustiques qui se font sentir (surtout en été). Le vendredi soir, on y fait la *fiesta*. L'ouverture du bar annonce le signal du début des dîners à la salle à manger, où l'on peut écouter un groupe de musiciens et danser à sa guise sur tous les rythmes *latinos*.

Dans sa partie basse, la rue Amapas longe la plage. Délaissant le bord de mer, la rue monte abruptement pour rejoindre tout en haut la route menant à Mismaloya. Dans un détour de cette rue en zigzag, on croise l'hôtel **Meza del Mar** *($$$-$$$$; bp, ≡, ☎, ℂ, ℜ, ⊗, ≈; Amapas, n° 380, ☎2-48-88 ou 1-888-694-0010, ≈2-23-08, courriel : club_meza@go2mexico.com)*, un établissement de 127 chambres et suites érigé contre les parois de la falaise. Les forfaits «tout inclus» y sont privilégiés, et un buffet est dressé midi et soir sur la magnifique terrasse où se produisent des orchestres trois fois la semaine *(jeudi, vendredi et samedi)*. Un autre restaurant ainsi qu'une deuxième piscine se trouvent plus bas, à deux pas de la plage de Los Muertos. Les studios, dont les plus luxueux et les plus tranquilles se situent en bas de la terrasse, comprennent un salon, parfois une cuisinette et une salle à manger, un balcon et une ou deux chambres dont une profite d'une vue sur la mer; les chambres sont équipées d'un très grand lit ou d'un lit double et d'un lit simple. L'endroit est fort bien tenu et offre un bon confort. Préférez une suite plutôt qu'une chambre seule lors de votre réservation, car ces dernières sont situées derrière l'immeuble avec absence totale de vue.

À l'extrémité de la plage se terre le **Vallarta Shores** *($$$-$$$$; bp, =, ⊗, ℂ, ≈; Malecón, nº 400, ☎2-38-38 ou 2-36-47, ⇌2-39-39)*. Cet établissement hôtelier propose des studios de une, deux ou trois chambres. Tous ces studios possèdent un balcon ou une terrasse. De grandes ouvertures vitrées s'ouvrent du côté de la mer et permettent ainsi de profiter pleinement de son séjour. Un appartement panoramique (*penthouse*) avec terrasse et piscine privées est disponible. L'architecte de ce bel endroit a ici privilégié et utilisé de façon harmonieuse les matériaux essentiellement composés de briques, de béton et de bois.

Construit tout autour d'une piscine, avec une superbe terrasse qui surplombe la magnifique plage de la baie des Drapeaux, l'hôtel **Playa Los Arcos** *($$$-$$$$; bp, =, ⊗, ≈, ℜ, ℝ, tvc, ☎; Olas Altas, nº 380, ☎2-15-83 ou 1-800-684-2403, ⇌2-24-18, courriel : losarcos@playalosarcos.com)* présente tous les avantages d'un établissement de grand luxe : boutiques, agence de voyages, service médical et sports aquatiques. La quasi-totalité des chambres et des studios offrent une vue sur la mer.

Les **Los Arcos Suites** *($$$$; bp, =, ☎, tvc, ℂ, ≈; Manuel M. Diéguez, nº 164, ☎2-07-00, 2-15-83 ou 1-800-648-2403, ⇌2-24-18, courriel : losarcos@playalosarcol.com)* forment un ensemble hôtelier affilié à l'hôtel Playa Los Arcos. Leurs appartements meublés de façon rustique comprennent une chambre avec grand ou très grand lit, un salon qui tient aussi lieu de salle à manger ainsi qu'une petite terrasse donnant sur une cour intérieure dotée d'une spacieuse piscine ombragée.

Bien en vue sur la plage de Los Muertos, se trouve le **San Marino Plaza** *($$$$; bp, =, ⊗, ≈, ℜ, ℝ, tvc; Calle Rodolfo Gómez, nº 111, ☎2-15-55 ou 2-30-50, ⇌2-24-31, courriel : sanmarino@pvnet.com.mx)*, anciennement l'Oro Verde, qui comprend 162 chambres et studios avec balcon, certains ayant vue sur la mer. Les chambres comprennent deux grands lits ainsi qu'une table et de colorées chaises en bois de fabrication artisanale. Les salles de bain sont égayées d'un beau carrelage mexicain. Des salles de réunion sont disponibles. On y propose des randonnées à cheval, des excursions en mer, du golf et du tennis. L'établissement se situe dans un quartier animé où l'on trouve tous les services.

🏨 Établi dans un joli jardin en bordure du Río Cuale, l'hôtel **Molino de Agua** *($$$$; bp, ≡, ⊗, ≈, ⊛, ℜ, ℝ; Calle Ignacio L. Vallarta, nº 130, ☎2-19-57 ou 2-19-07, ≈2-60-56)* est un des plus beaux lieux d'hébergement de Puerto Vallarta. Calme, malgré la proximité du centre-ville, il propose plusieurs chalets dispersés dans la nature et plusieurs confortables logis, près de la mer, bénéficiant d'une piscine et d'un bar-restaurant.

# LE SUD DE PUERTO VALLARTA

La situation de ce secteur, à 30 min de l'aéroport international et à 10 min de Puerto Vallarta, en fait un endroit rêvé pour qui recherche le calme. La côte escarpée en a préservé l'isolement; il n'y a pratiquement pas de développement résidentiel entre Conchas Chinas, riche quartier résidentiel du sud de la ville, et Mismaloya. De plus, il est facile à partir d'ici de se rendre au centre-ville, des autobus faisant régulièrement la navette entre Boca de Tomatlán et Puerto Vallarta.

🏨 Pour les vrais amateurs de baignade en mer, le **Camino Real** *($$$$$; bp, ≡, ⊗, ≈, ⊙, ℜ, ℝ, tvc, ☎; Playa Las Estacas, ☎1-50-00 ou 1-800-7CAMINO)* ne peut être mieux situé; ceux qui préfèrent la piscine auront quand même l'impression de prendre un bain de mer, car elle domine la plage. L'endroit a une bonne renommée, et les vacanciers peuvent y profiter de chambres au confort absolu et magnifiquement décorées par les meilleurs designers mexicains. Ce site, dans une anse sablonneuse joliment isolée, est sans doute l'un des plus enchanteurs de Puerto Vallarta. Mais, comme le dit si bien le proverbe coréen : «*Un paysage grandiose n'a aucun attrait si la table est vide.*» En fait de bonne table, l'hôtel n'est pas démuni et en possède même deux plutôt qu'une. Le premier restaurant, La Brisa, prépare de délicieux poissons et fruits de mer; l'autre, encore plus réputé, La Perla, propose une succulente cuisine française et mexicaine agrémenté de quelques classiques du répertoire culinaire universel (voir p 161).

🦐Au centre-sud de la Bahía de Banderas, l'hôtel **La Jolla de Mismaloya** *($$$$$; bp, ≡, ⊛, ≈, ⊘, △, ℛ, ℝ, tvc, ☎; Playa Mismaloya, ☎8-06-60 ou 1-800-322-2344, ≈8-05-00)* regroupe plus de 300 luxueux studios avec balcon, chacun offrant une splendide vue sur la baie. Y sont offerts en outre 16 richissimes studios haut de gamme (dénommés «suites présidentielles») avec cuisine, salle à manger, salon, deux chambres à coucher ainsi que deux salles de bain; d'autres sont disponibles avec une ou deux chambres, une ou deux salles de bain et un salon incluant le choix d'un coin cuisinette. De beaux tissus aux teintes tropicales recouvrent l'élégant mobilier en bois de style néocolonial ainsi que les meubles en osier ou de rotin. L'ensemble hôtelier comprend trois piscines gigantesques, toutes trois aménagées dans un exubérant jardin tropical agrémenté de cascades; des escaliers en gradins partent de ces îlots paradisiaques vers la plage de Mismaloya, où l'hôtel bénéficie d'un emplacement privé. Au rez-de-chaussée s'alignent des boutiques qui donnent sur de jolis jardins. Ces échoppes ont tout ce que les vacanciers peuvent rechercher : agence de voyages et de location de voitures, salon de beauté, studio de massage, centre de conditionnement physique, salle de jeux avec, entre autres, tables de billard et de ping pong, jeux vidéo, etc. Les clients ne trouveront sur place pas moins de trois restaurants (voir p 161) et trois bars dont un proposant au moins 70 différentes marques de *tequila*. D'intéressantes formules «tout inclus» sont proposées.

Érigé entre la route et la mer, l'endroit jouit à la fois d'une coquette petite anse sablonneuse et d'une végétation qui se veut ici luxuriante, et c'est le très sélect **Blue Bay Club Puerto Vallarta** *($$$$$; bp, ≡, ⊛, ⊛, ≈, ⊘, △, ℛ, ℝ, tvc, ☎; km 4, Carretera a Barra de Navidad, ☎1-55-00, ≈1-51-05, courriel : pvr@bluebayresorts.com)* qui en profite, proposant lui aussi des formules «tout inclus». Les touristes résidant dans les hôtels du centre-ville n'hésitent aucunement à venir passer la journée à son «club de plage», qui offre à sa clientèle interne et externe de vastes piscines, quatre bars et des restaurants; un buffet est servi midi et soir. Les chambres, au nombre de 300, sont des plus confortables et comprennent pour la plupart un très grand lit; celles faisant face à la mer ont leur balcon; il y a 76 studios de une ou deux chambres. On y trouve toutes les installations pour les congrès, conférences et séminaires ainsi que tous les services de loisirs.

L'hôtel **Presidente Inter-Continental** *($$$$$; bp, ≡, ⊗, ⊛, ≈, ⊘, △, ℛ, ℝ, tvc, ☎; km 8,5, Carretera a Barra de Navidad, ☎8-05-07, ⊷8-06-09)* est un autre luxueux établissement cinq étoiles. Sis sur une petite plage, l'immeuble se blottit contre la falaise. On y propose des formules «tout inclus» à des prix forfaitaires. Cette partie de la côte est peu peuplée et relativement calme, et, hormis la route, rien ne vient en troubler la sérénité. La majorité des chambres sont orientées vers la mer.

## LA ZONE HÔTELIÈRE DU NORD

On surnomme «zone hôtelière» la partie située juste au nord de Puerto Vallarta. Cette zone se prolonge le long des plages sur plus de 4 km jusqu'à la Marina Vallarta. La plupart des commerces s'échelonnent sur le boulevard Francisco Medina Ascencio, la principale artère. À l'arrière de cette zone s'étendent les bourgs de banlieue tels que Versalles, Díaz Ordaz et, un peu plus loin, El Pitillal.

Dans cet arrondissement, dit aussi de «grand tourisme», les luxueux hôtels se succèdent et se ressemblent. Tous les grands hôtels mentionnés ci-dessous organisent des excursions et des activités sportives répondant aux attentes de leurs clientèles respectives. La plupart de ces établissements renferment en leurs murs des boutiques, kiosques et commerces de toutes sortes pour les besoins courants ou pour des biens de luxe. Certains hôtels ont également leur clinique médicale et proposent un service de garderie.

À la limite de la grouillante Vallarta, le **Buenaventura** *($$$-$$$$$; bp, ≡, ≈, ⊗, ⊘, ℝ, ℛ, tvc, ☎; Avenida México, n° 1301, ☎3-27-37, 2-37-37, 2-39-64 ou 1-800-878-4484, ⊷2-08-70 ou 2-35-46, courriel : buenaventura@puerto-vallarta.com)* est un havre de tranquillité; d'ici, on peut facilement se rendre au centre-ville à pied. Cet hôtel quatre étoiles offre tous les services reliés à sa classification : chambres confortables (plus de 225), 11 studios, boutiques, services médicaux, salon pour réunion, agence de voyages, etc. Un restaurant et la piscine sont attenants à la plage. On vient d'ajouter à l'ensemble hôtelier un centre de thalassothérapie. Il y a «Fiesta Mexicana» sur la terrasse de la piscine tous les vendredis soir avec buffet, danses folkloriques et musique de *mariachis*.

🏨 Facilement repérable à sa couleur orange, sur fond de ciel toujours bleu à Puerto Vallarta, le **Holiday Inn** *($$$-$$$$$; bp, ≡, tvc, ≈, ⊘, △, ⊛, ℛ, ☎; Francisco Medina Ascencio, km 3,5; ☎6-17-00, 01-800-00-900 du Mexique ou 1-800-HOLIDEX des État-Unis, courriel : holipvr@vallegde.com.mx)* est le dernier d'une série sur la Playa Parán, avant de franchir le Río Pitillal. Le complexe hôtelier, qui propose lui aussi d'intéressants forfaits «tout inclus», abrite 231 chambres avec balcon et vue sur la mer. L'activité de l'hôtel se concentre autour de la piscine et au restaurant (les deux font face à la mer), d'où l'on aperçoit la ville au loin ainsi que les montagnes environnantes. Les clients se composent d'une bonne part de vacanciers en provenance de México avec lesquels il est facile d'entamer la conversation.

🏨 Sur la plage de Las Glorias, réputée pour ses eaux calmes, le **Sheraton Buganvilias** *($$$$$; bp, ≡, ⊛, ≈, ⊘, ℛ, ℝ, tvc, ☎; Bulevar Francisco Medina Ascencio, n° 999, ☎3-04-04 ou 1-800-433-5451 des États-Unis, ⇝2-05-00)* fait face à la baie. Ses 8 tours abritent 670 chambres spacieuses et 169 studios. Sa galerie marchande loge une multitude de commerces. L'hôtel dispose de huit salles pour les réunions ou les banquets et de tous les services et installations nécessaires à la tenue de congrès d'envergure internationale; l'une de ses salles peut même accueillir jusqu'à 1 500 personnes. L'hôtel sert de point de départ pour de nombreuses excursions.

Le **Continental Plaza** *($$$$$; bp, ≡, ⊛, ≈, ⊘, ℛ, ℝ, tvc, ☎; Avenida Ingreso, km 2,5, Plaza Las Glorias, ☎4-01-23, 4-45-60 ou 1-800-88CONTI, ⇝4-52-36)* est situé dans une zone commerciale à forte densité urbaine où l'on retrouve également quantité d'appartements (condominiums) de luxe. Ses 424 chambres, dont la plupart ont leur propre balcon, encerclent en partie la cour qui conduit à la plage de Las Glorias.

Avec son style architectural résolument méditerranéen, le **Los Tules** *($$$$$; bp, ≡, ⊛, ≈, ⊘, ℛ, ℝ, C, tvc, ☎; km 2,5, Carretera al Aeropuerto, ☎4-54-25 ou 1-800-553-2340, ⇝4-47-10)* loue des studios de une, 2 ou 3 chambres dont certains peuvent loger jusqu'à 10 personnes. Il y a aussi la possibilité de louer le magnifique appartement panoramique «Penthouse», étagé sur deux paliers. Tous les studios ont leur balcon, plus ou moins grand, leur cuisinette et leur salon servant aussi de salle à manger. L'endroit bénéficie d'une des plus belles plages que l'on puisse trouver en bordure de la Bahía de Banderas. Le domaine s'étend sur 16 ha entrecoupé de jardins luxuriants où l'on a installé sept piscines agréablement espacées les unes des autres ainsi que cinq courts de tennis.

Puerto Vallarta bénéficie de l'un des meilleurs centres de thalassothérapie du Mexique, le **Qualton Club & Spa Vallarta** *($$$$$; bp, ≡, tvc, ☎, ◉, ⊘, △, ℛ, ≈; Francisco Medina Ascencio, km 2,5, ☎4-44-46, ≈4-44-45 ou 4-44-47, courriel : qualton@pvnet.com.mx).* On y offre une foule de traitements et d'activités, du massage anti-stress à la réflexologie. Autres : yoga, hydrothérapie, bains d'algues, cure de rajeunissement, aérobie, etc. Ces différentes activités ne sont pas incluses dans les tarifs «tout inclus». Cet établissement de 14 étages, qui encadre une grande piscine en bordure de la plage de Las Glorias, compte 220 chambres avec balcons individuels; quatre studios possèdent leurs propres terrasses sur lesquelles on a installé des bassins à remous, ce qui permet ainsi d'apprécier une jolie vue sur la baie.

À quelques minutes en voiture de l'aéroport et du centre-ville, le **Fiesta Americana** *($$$$$; bp, ≡, ≈, ⊘, ℛ, ℝ, tvc, ☎; km 2,5, Bulevar Francisco M. Ascencio, ☎4-20-10 ou 1-800-FIESTA1)* présente un hall impressionnant, qui est abrité par une gigantesque *palapa* où coule une gazouillante cascade bordée de plantes tropicales. Ce magnifique hôtel compte près de 300 chambres, studios et «suites présidentielles» (c'est l'établissement qui les nomme ainsi), et possède en ses murs un véritable centre commercial offrant tous les services imaginables : salon de coiffure, garderie, tabagie, clinique médicale, boutiques de vêtements pour hommes et pour femmes, etc.

L'hôtel **Kristal Vallarta** *($$$$; bp, ≡, ◉, ≈, ⊘, ℛ, ℝ, tvc, ☎; Avenida de las Garzas s/n, ☎4-02-02 ou 1-800-231-9860, ≈4-01-50 ou 4-02-22, courriel : krystal@pvnet.com.mex)* regroupe sur son vaste domaine plusieurs maisonnettes, coquettes et suffisamment éloignées les unes des autres pour procurer une certaine intimité. Chaque maisonnette a sa propre minuscule piscine ou, si vous préférez, son bain géant.

MARINA VALLARTA

Ce vaste et élégant port de plaisance avec son complexe hôtelier qui s'étend sur plus de 178 ha a déjà bénéficié d'investissements de près d'un demi-milliard de dollars américains! Ce richissime éden et paradis de la navigation de plaisance est entouré de splendides appartements (condominiums) ainsi que d'une très belle promenade où sont regroupés de nombreuses et superbes boutiques, galeries d'art, restaurants et terrasses. Les grands hôtels, parmis les plus beaux de la baie, bordent la marina en front de mer et occupent presque entièrement la plage d'El Salado. La Marina Vallarta est localisée tout près de l'aéroport, et de nombreux autobus et taxis assurent la correspondance avec le centre-ville, à 10 min du complexe.

Sis au cœur du terrain de golf de la Marina Vallarta, l'hôtel **Bel-Air** *($$$$$; bp, ≡, ⊗, ☎, tvc, ℂ, ⊘, ℛ, ≈, ⊛; Pelicanos, n° 5, ☎1-08-00, ≠1-08-01, courriel : belair@pvnet.com.mx)* propose 67 studios et des villas. Les logis sont décorés avec soin, sont répartis dans de luxuriants jardins et profitent d'invitantes terrasses dont certaines avec piscine et d'autres avec bain à remous; les planchers de chaque pièce, dont la salle de bain, sont en marbre. On y trouve une belle collection de masques et de sculptures du talentueux et réputé Sergio Bustamante, un artiste de réputation internationale originaire de l'État.

Affilié à une grande chaîne hôtelière internationale, le **Westin Regina** *($$$$$; bp, ≡, ⊗, tvc, ☎, ≈, ⊘, △, ℛ, ℝ; Paseo de la Marina, n° 205, ☎1-11-00 ou 1-800-892-4580, ≠1-11-21, courriel : repue@westin.com)* est entouré d'une verdoyante végétation tropicale. Les tours s'élèvent face à la mer autour de 4 piscines masquées par quelque 600 palmiers. Outre les services, boutiques et autres que l'on retrouve dans l'ensemble des grands hôtels de la Marina Vallarta, le Westin propose des services jour et nuit à sa clientèle, de l'équipement audiovisuel, un sauna, un studio de massage et, aux adultes comme aux enfants, une multitude d'activités quotidiennes.

Un autre somptueux développement s'est effectué un peu en retrait sur la plage. **Velas Vallarta** *($$$$$; bp, ≡, ⊗, tvc, ☎, ℂ, ⊛, ≈, ⊘, △, ℛ; Avenida Costera, n° 585, ☎1-00-91 ou*

*1-800-VELASPV, ≠1-07-55, courriel : ventas@hotelvelas.com)* propose 361 studios richement décorés et comptant de une à trois chambres avec des terrasses dont certaines pourvues d'une piscine privée. Plusieurs activités sont possibles, dont des forfaits pour le golf voisin, des excursions en mer, des promenades à cheval ou à bicyclette ainsi que des visites guidées de la région.

Admirablement situé au cœur de la Marina Vallarta, le **Marriott Casa Magna** *($$$$$; bp, ≡, ⊛, ≈, ⊘, ℜ, ℝ, tvc, ☎, △; Paseo de la Marina, n° 5, Marina Vallarta, ☎1-00-04 ou 1-800-223-6388, ≠1-07-60)* se présente comme un vaste ensemble hôtelier de 433 chambres et de 29 suites, dont plusieurs sont équipées de baignoires à remous. L'hôtel dispose d'un gymnase et de trois courts de tennis pour les inconditionnels.

# NUEVO VALLARTA

On retrouve à Nuevo Vallarta des hôtels proposant des forfaits «tout inclus». Ces établissements ont un petit côté «colonie de vacances». Ses occupants se laissent vivre au rythme de l'établissement; certains y demeurent pour toute la durée de leur séjour sans même ressentir la nécessité d'aller explorer autre chose ailleurs. Les plus aventureux peuvent tout de même participer aux excursions organisées par la plupart des hôtels.

 Le **Club Marival Vallarta** *($$$$; bp, ≡, ⊛, ≈, ⊛, ⊘, tvc, ☎, ℂ, ℜ; Bulevar Nuevo Vallarta – coin Paseo de los Cocoteros, ☎329-7-01-00 ou, ligne directe à Montréal, ☎450-686-0226, ≠329-7-01-60 ou ligne directe à Montréal 450-686-1223)* propose des forfaits «tout inclus» qui conviendront parfaitement aux petites familles désireuses de profiter d'activités sportives à la piscine ou à la plage. Outre des programmes supervisés et un terrain de jeu fort bien aménagé pour les enfants, c'est l'endroit idéal où pratiquer l'équitation, la bicyclette, le tennis, le golf et bien d'autres activités de plein air. Les 504 chambres et studios ont été aménagés dans plusieurs bâtiments entre lesquels se trouvent 6 piscines qui profitent des magnifiques jardins attenants enjolivés de grands palmiers.

Le rivage attenant à l'hôtel suivant est une suite de vastes terrains vacants, attendant sans doute d'autres investisseurs et promoteurs immobiliers. On y trouve une plage grouillante d'activités de toutes sortes. Le **Jacktar Village** *($$$$; bp, ⊛, ≡, ≈, ⊘, ℜ, ℝ, tvc, ☎; Lazaro Cárdenas n° 150, ☎329-8-02-26, ⌐329-8-03-33)* propose lui aussi des formules «tout inclus». L'établissement s'engage à offrir à ses visiteurs un séjour bien rempli et présente les mêmes avantages que ses concurrents.

Le **Sierra Radisson** *($$$$; bp, ⊛, ≡, ≈, ⊘, ℜ, ℝ, tvc, ☎; Paseo de los Cocoteros, n° 19, Nuevo Vallarta, ☎329-7-13-00, ⌐329-7-00-82)* abrite 350 chambres et propose des tarifs «tout inclus». Comme la plupart des hôtels environnants, l'établissement met l'accent sur diverses activités sportives et de plein air. Ce vaste ensemble hôtelier compte plusieurs pavillons, le tout ayant la forme d'un X auquel il manquerait une demi-barre.

Spécialisé dans l'alléchante formule «tout inclus», le luxueux hôtel **Paradise Village** *($$$$$; bp, ⊛, ≡, ≈, ⊘, ℜ, C, tvc, ☎; Paseo de los Cocoteros, n° 001, Nuevo Vallarta, ☎329-7-07-70 ou 1-800-995-5714, ⌐329-7-09-80)* dévoile une éblouissante décoration d'inspiration maya. Chaque appartement, de une, deux ou trois chambres, a sa propre terrasse avec vue sur la mer. Fréquenté par de nombreux Européens qui apprécient les nombreuses activités de la plage et les piscines magnifiquement aménagées avec cascades intégrées, il présente, le soir venu, une grande diversité de spectacles.

 LES PLAGES ACCESSIBLES PAR LA MER

---

## Majahuitas

---

C'est sans aucun doute l'endroit le plus calme de la région : la petite plage, à l'orée d'une forêt quasi intouchée où les arbres fruitiers abondent, est occupée en partie par le **Majahuitas Resort** *($$$$; bp, ⊛, ℜ; Playa Majahuitas, ☎1-58-08, courriel : relax@cruzio.com)*. L'établissement propose des séjours dans de jolis bungalows suffisamment éloignés les uns des autres pour préserver la tranquillité de ses clients. Ici l'électricité est obtenue grâce à des panneaux solaires. Des promenades à cheval sont organisées, ainsi que quelques activités sportives : volley-ball, jeu de croquet, planche à voile et plongée sous-marine. Le prix inclut les repas : le soir, il est servi sur la terrasse à la lueur des chandelles, et l'on y mange fort bien au dire des habitués.

## Yelapa

C'est le paradis perdu, mais malheureusement retrouvé par des milliers de touristes nord-américains. Cependant, l'endroit vaut qu'on y séjourne une journée et même une nuit, afin d'explorer sa nature sauvage et se rendre jusqu'aux cascades qui dévalent dans cette jungle sur plusieurs dizaines de mètres.

À l'**Hotel Lagunita de Yelapa** *($; bp, C; Yelapa, ☎329-8-05-12 ou 322-1-58-08),* on dort sous une moustiquaire (indispensable!). La nuit, on doit se méfier des scorpions. Il est important de savoir que l'électricité ainsi que l'alimentation en eau chaude ne sont en service que de 7h à 23h. Pour la sieste des vacanciers, des hamacs sont disponibles un peu partout sur les terrasses. Après le départ du dernier bateau, en fin d'après-midi, l'endroit devient un agréable petit havre de paix... Ce qui n'est pas du tout le cas durant la journée, quand se déversent ici des arrivées incessantes de touristes, qui repartent ensuite en vagues successives aux différentes heures du jour.

 LES ENVIRONS DE PUERTO VALLARTA

## Le nord

En contrebas de la route, un peu après Bucerias, un joli petit établissement qui se déploie face à la baie : **Vista Bahía** *($$; bp, ≡, ⊛, C; Avenida de los Picos, n° 350, Playa de Huanacaxtle, ☎329-8-02-30)* propose des studios, à une ou deux chambres, avec cuisinette et salon avec divan-lit. Les appartements s'ouvrent sur une terrasse joliment aménagée donnant sur la plage. La maison avantage les tarifs à la semaine ou au mois.

## RESTAURANTS

La cuisine mexicaine diffère d'une partie du pays à l'autre. Il est donc plus juste de parler de traditions régionales. Les réalités climatiques, que ce soit en montagne, en zone aride ou sur la côte, déterminent la composition des plats à partir des denrées locales. Les marchés publics proposent maints produits déjà utilisés par les populations autochtones de la partie tropicale du continent, dont les Aztèques, depuis le Mexique jusqu'au Pérou — lieu d'origine, entre autres, de la pomme de terre. Les Espagnols firent ensuite connaître au monde ce tubercule, de même que la patate douce, l'avocat, le haricot, le maïs, la courge, le piment, la tomate, le poivron, le tournesol, l'arachide, l'ananas, le cacao, la vanille et la poule d'Inde (dinde), laquelle poussait son habitat aussi loin que sur la côte atlantique, dans le nord-est de l'Amérique du Nord. D'autres producteurs vendent volailles, agneaux, bœufs, porcs et chèvres. Quant aux eaux de la poissonneuse Bahía de Banderas, elles fournissent à Puerto Vallarta des poissons et des fruits de mer d'une fraîcheur incontestable; on ne doit donc pas hésiter à les déguster dans les restaurants.

Les prix, mentionnés en dollars américains (US) dans la classification présentée ci-dessous, s'appliquent au repas d'une personne, taxe incluse, comprenant l'entrée, le plat principal, le dessert et un café (sauf indication contraire). Les boissons et le service ne sont pas compris, et s'ajoutent donc aux prix. En règle générale, il est d'usage de laisser de 10% à 15% de pourboire (*propina*) dans les restaurants et les bars. Les menus affichés n'incluent pas toujours les taxes; dans ce cas, il convient d'ajouter 15% au prix du plat.

|  |  |
|---|---|
| *$* | moins de 5$ |
| *$$* | de 5$ à 10$ |
| *$$$* | de 10$ à 20$ |
| *$$$$* | de 20$ à 30$ |
| *$$$$$* | plus de 30$ |

 # PUERTO VALLARTA, VILLE GOURMANDE

Si les résidents étrangers, saisonniers ou permanents, connaissent bien et apprécient les bonnes tables de Puerto Vallarta, il n'en est pas de même plus de 90% des vacanciers séjournant à Puerto Vallarta. Ces touristes profitent des forfaits qui leur sont proposés par le biais des différentes agences de voyages d'Europe et des Amériques spécialisées en la matière. Même si ces forfaits incluent l'hébergement et les repas, le visiteur ne devrait pas se restreindre à ce plan – fut-il avantageux – qui le confine à son seul hôtel. Car, en agissant de la sorte, le touriste de passage se prive des excellentes tables de la station balnéaire et de ses environs.

La réputation gourmande de Puerto Vallarta n'est plus à faire, au Mexique comme à l'étranger. Les chefs Thierry Blouet (Café des Artistes) et Roger Dreier (Chef Roger) ont grandement contribué à donner à la ville son titre envié. Qui plus est, on ne compte plus les jeunes cuisiniers qui ont été formés à l'école de l'un ou de l'autre de ces deux piliers de la gastronomie. Lors de concours culinaires nationaux et internationaux, les cuisiniers formés par Thierry Blouet raflent les grands prix. Du nombre, le chef mexicain Roberto Gómez, dont l'influence du maître est tout à fait évidente, officie au Sazón.

La cité balnéaire possède donc plusieurs bons restaurants. Vous trouverez ci-dessous une sélection des meilleures tables de Puerto Vallarta, classées par catégories. Veuillez noter qu'en haute saison la plupart des établissement ouvrent sept jours sur sept, midi et soir. Le repas du midi (*comida*) est, la plupart du temps, servi à partir de 13h.

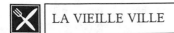

# LA VIEILLE VILLE

## Isla Cuale et au nord du Río Cuale

Dans cette ville où la grande restauration ne fait pas défaut, rares sont les établissements qui osent servir une authentique cuisine familiale mexicaine. Une adresse fait cependant exception à la règle : **La Corbeteña** *($-$$; lun-sam 14h à 20h, fermé dim; Calle Guerrero, nº 123, à une rue au sud du Malecón, près de la mer)*. En ces lieux où il n'y a pas, ou peu, de touristes, on s'attable comme en famille, en compagnie d'une clientèle résolument mexicaine. Il n'y a pas de menu à prix fixe, les plats sont cuisinés au jour le jour, et les préparations mijotées vont du pot-au-feu de bœuf à la chaudronnée de fruits de mer. La maison prépare aussi de délicieux sandwichs et de rafraîchissantes boissons. Les prix sont suffisammement bas; c'est sans doute la raison pour laquelle ce petit établissement, dont l'étroite pièce fait office de salle à manger, n'accepte aucune carte de crédit.

Notre préféré, et pour de nombreux habitués de Puerto Vallarta, **Tangaroa** *($-$$$; tlj 12h à 22h; Calle Perú, nº 1308, coin Nicaragua, ☎2-68-98)* est dirigé par un père de famille assisté par ses fils. On y déguste des *tostadas de mariscos* (des fruits de mer bien relevés que l'on présente sur des *tortillas* grillées), du filet de poisson d'une cuisson parfaite – servi avec un bouquet de légumes et une sauce aromatique – ainsi qu'une magnifique assiette de croustillantes et goûteuses écrevisses dévoilant les suaves arômes de leur court-bouillon.

Avantageusement située au premier étage d'un bâtiment faisant face au Malecón, **La Chata** *($$-$$$; tlj 11h à 23h; Calle Paseo Díaz Ordaz, nº 708, ☎3-16-84 ou 3-16-85)* allie, avec une certaine prétention, le *fast food* américain et des curiosités culinaires qui n'ont rien des plats traditionnels mexicains et qui demandent même parfois certains éclaicissements. Ainsi, la *sopa de arroz* proposée n'est pas, comme on pourrait l'imaginer, une soupe au riz, mais plutôt un riz sauté au jambon (en brunoise), servi à coup de grande louche dans une minuscule assiette. C'est d'un chic débordant! La spécialité de la maison est le *pozole*, une préparation à base de maïs, de piments, d'herbes et de viande. On y danse au son des guitares, des *bandolinas*, des tambourins et de la flûte de Pan.

🐚 Une autre adresse permet de profiter de la fébrilité du très couru Malecón, la promenade en bordure de mer. **La Dolce Vita** *($$-$$$; jeu-sam 12h à 2h, dim 18h à 2h; Calle Paseo Díaz Ordaz, n° 674, ☎2-38-52)* propose des pâtes ou des pizzas cuites au four à bois. La maison vibre au rythme du jazz du jeudi au samedi.

🐚 Un peu en retrait dans la partie nord de la ville, **La Bamba** *($$$-$$$$$; 16h à 23h; Brasilia près de Libramiento, ☎3-08-57)* occupe l'étage supérieur d'une maison qui ressemble à toutes les autres dans un quartier résidentiel et populaire où les touristes n'ont pas généralement à se rendre. Il est donc préférable de bien vous faire expliquer le chemin lors de votre réservation. La devise de la maison pourrait être «Ici on est mieux qu'en face»! En effet, la terrasse arrière surplombe un cimetière. Mais ce n'est pas la seule vue qu'offre ce site. Tout autour s'étale un quartier animé et, au loin, plus particulièrement au coucher du soleil, apparaît dans toute sa splendeur la majestueuse baie des Drapeaux (Bahía de Banderas). La famille Guerrero prétend avec humour que sa soupe de *mariscos* (fruits de mer) peut réveiller les morts! Il y a de bonnes spécialités mexicaines comme le *guacamole*, les *quesadillas*, les *enchiladas*, les *tacos*, les *chiles rellenos* (piments farcis) et les *fajitas*. Autre délice : le filet de poisson servi avec la sauce de votre choix, soit à la *veracruzana*, à l'ail ou à la *diabla* (bien pimentée). La langouste, les crevettes, le poulet et les steaks sont ici proposés grillés entiers ou en brochettes. Tous les mets sont judicieusement assaisonnés. Les plats sont bons, mais l'addition demeure quelque peu élevé pour ce genre d'apprêts culinaires. Il est question que le restaurant déménage sur la rue Basilio Badillo, au sud du Río Cuale, histoire de se rapprocher davantage de la fébrilité de la ville. Vérifiez s'il y a changement d'adresse avant de vous déplacer inutilement ou, mieux, téléphonez au préalable.

Quelque peu en retrait, le très populaire **Pipi's** *($$$; tlj 13h à 23h; Calle Guadalupe Sánchez, n° 804, coin Calle de Pipila, ☎3-27-67)* apprête le *pozole* à la façon d'une soupe (un consommé enrichi de morceaux de poulet, de maïs éclaté, de laitue et d'oignon) à laquelle on ajoute du jus de citron, du piment et de l'origan frais. Parmi les autres spécialités, il y a les *chiles rellenos* (deux poivrons verts farcis de fromage) panés, frits et servis avec une sauce aux fèves, les *fajitas*, les *enchiladas poblanas* et de savoureuses *margaritas*, qui sont ici préparées différemment.

**Ritos Baci** *($$$; tlj 13h à minuit; Calle Josefa Ortiz De Domínguez, n° 181, ☎2-64-48)* est un petit restaurant dont on parle peu à Puerto Vallarta; pourtant, il prépare une bonne cuisine italienne et livre même le repas à votre hôtel ou à votre studio si vous le désirez. Tous les plats préparés sont créés à partir de recettes familiales. Au menu : pizzas, pâtes, sandwichs italiens chauds ou froids, gâteau au chocolat, gâteau aux fraises, crèmes glacées.

Le Suisse Roger Dreier dirige **Chef Roger** *($$$-$$$$$; lun-sam, 18h30 à 1h, fermé dim; Calle Agustín Rodríguez, n° 267, ☎2-59-00)*. Le chef Dreier propose à la fois une cuisine classique et innovatrice, et même créative. L'affamé peut y déguster de simples pâtes ou une fondue suisse au fromage, et le gourmet, des compositions aussi brillantes qu'inusitées. Parmi les plus belles et les plus savoureuses créations du chef Dreier : vivaneau aux crevettes géantes nappé de sauce hollandaise au fumet de langouste; poisson grillé à la purée de piments et à la *tequila*. La maison prépare d'excellents desserts et entremets, dont le délectable «bloc» de chocolat chaud et *pastel de fruta* (biscuit de noisettes aux fruits sur crème anglaise et coulis de fraise). La terrasse du second plancher domine une cour magnifiquement fleurie. On y parle français, allemand et anglais.

Le **Café Trio** *($$$-$$$$$; tlj 12h à 16h et 18h à 2h; Guerrero, n° 264, ☎2-21-96)* se démarque par sa simplicité et sa fraîcheur. Dans le milieu de la restauration à Puerto Vallarta, les préparations sont souvent un prétexte à vouloir impressionner le touriste. Une telle prétention n'est pas de mise au Café Trio, où les copropriétaires Peter Lodes et Bernhard Guth offrent une cuisine vraie, savoureuse et rassurante. Ici pas de pédantes «fusions» culinaires inutiles, et les denrées sont harmonieusement relevées. Ce petit local à proximité de la cathédrale a des airs de bistro français, léger dans sa décoration, avec tables et chaises de bois, ainsi que de beaux tableaux ornant les murs. Comme entrée, le midi : mesclun de fines laitues avec vinaigrette à l'huile d'olive et tapenade ou salade de tomates du pays (*jitomate*) et d'oignons à la vinaigrette aux herbes (basilic); les plats : raviolis d'agneau sur ratatouille fine et demi-glace à l'anis; escalopes de veau viennoise et frites. Tous les jus (très sains) se préparent à la minute avec des fruits et des légumes saisonniers : ananas-céleri-orange ou banane-noix-poire. Les plats proposés à la table du soir (dîner) sont plus élaborés. La maison sert également un bon steak-frites-salade aux retardataires jusqu'à tard le soir.

Évoquant vaguement un style de terroir mexicain, le **Rio Grande** *($$$-$$$$$; tlj 8h à 23h, México, n° 1175, ☎2-00-95)* préserve la tradition sans y apporter aucune originalité. La clientèle locale se retrouve dans ces préparations, tandis que le touriste y sera quelque peu dérouté voire déçu. Au menu : *empanadas*, une crêpe fourrée aux crevettes que l'on fait frire et que l'on arrose ensuite de jus de citron; la *sopa de mariscos* constitue un copieux potage de fruits de mer (crevettes et poulpe surtout); le poisson *sarandeado* – le nôtre manquait de fraîcheur – se cuit normalement sur charbons de bois (notre poisson semblait frit!) et se nappe de sauce au piment. La maison prépare un délicieux flan au caramel.

Bien en vue du Malecón, le restaurant **Planet Hollywood** *($$$-$$$$$; tlj 11h à 2h; Morelo, n° 518, ☎3-27-10)* met en évidence un gigantesque décor cinématographique à la hollywoodienne. On en met plein la vue... Murs tapissés d'icônographies d'actrices et d'acteurs qui ont ravi des millions de cinéphiles américains, des vidéos projetés sur un écran géant; il y a même une boutique pour y acquérir quelques souvenirs. La cuisine se présente ici comme un mélange italo-américain parsemée d'emprunts culinaires régionaux tels que les crevettes et le sandwich de poulet *blackened* de La Nouvelle-Orléans, les *ribs* de Saint-Louis et les linguine au poulet «Santa Fe», auxquels mets s'ajoutent le *ceviche* de crabe et de crevettes «Vallarta» et l'hambourgeois (minceur) à la dinde; le tout s'accompagne d'une généreuse portion de frites.

Près de la cathédrale, **Abadía Bassó** *($$$$-$$$$$; mer-lun 17h à minuit; Hidalgo, n° 224, ☎2-13-74)* a créé une atmosphère toute mexicaine; chaleur et légèreté s'accentuent par le choix des couleurs aux tons orangés et soutenues par de jolies pièces d'artisanat. La cuisine se veut ici méditerranéenne; elle suit une tendance actuellement en vogue, avec quelques influences culinaires françaises, italiennes et grecques. Au menu : terrine maison; perdrix farcie au foie gras et fines herbes; huîtres marinés au champagne; bœuf Wellington; tiramisu.

🦐 Au **Café des Artistes** *($$$$ le midi et $$$$$ le soir; Calle Guadalupe Sánchez, n° 740, ☎2-32-28)*, le jardin abrite d'éblouissantes sculptures et fontaines de Jesús Botello Sánchez, mieux connu sous le nom de «Tellosa»; les murs intérieurs dévoilent des peintures et des fresques de tous les styles. Le chef Blouet est un créateur et, à son restaurant, la gastronomie atteint les sommets de l'excellence. Parmi ses ingénieuses créations : crabe à l'avocat et vinaigrette à la mangue et au cumin; bisque glacée de melon au granité de yogourt à la menthe; ravioles de crevettes aux tomates séchées et à la sauce au champagne. Canard laqué, poulet aux dattes et aux prunes et vivaneau au crabe reçoivent d'exotiques garnitures de piment, de gingembre ou de cactus. Sa crème brûlée au chocolat, ses tuiles aux amandes et sa glace aux pistaches terminent le repas d'exquise façon. On y parle français et anglais.

RESTAURANTS

Sans trop de modestie et dans un très beau cadre où les artistes mexicains sont très bien représentés, **Le Bistro** *($$$$$; tlj 9h à minuit; Isla Río Cuale, n° 16 A, ☎2-02-83)* propose quelques créations de son chef Francisco Álvarez ainsi que des classiques qui maintiennent sa bonne réputation malgré le coût élevé de l'addition. Au menu : escargots au beurre à l'ail et aux herbes; *sashimi* de crabe; salade au saumon fumé et aux poires; *tempura* de crevettes à la noix de coco; poulet «Des Artistes» (farci de riz aux herbes, fruits séchés et noix, le tout servi sur un lit de fettucine avec une sauce à la coriandre); filet mignon à la bordelaise; langouste au court-bouillon ou grillée avec beurre à l'ail; glace au gingembre; flan mangue et crème aigre.

Un autre restaurant abrite une sculpture signée Tellosa, artiste réputé de Puerto Vallarta : la **Cuiza** *($$$$; mer-lun 17h à 23h, fermé mar; Isla Río Cuale, n° 3, ☎2-56-46)*, un café-restaurant doté d'une jolie terrasse que ceinturent de verdoyants bosquets. Des spectacles de jazz *(jeu-dim 20h à 23h)* agrémentent le dîner et attirent ici de nombreux mordus. Le menu se compose de préparations à base de fruits et de combinaisons aigres-douces. Certains affublent cette mosaïque de «cuisine californienne» ou d'autres appellations à la mode. Sans doute inspirés par une gastronomie universaliste, les artisans de ses mets baptisent leurs entrées et plats de satay «Cuiza», de pizza «Soleil», de gâteau de crabes «Saint-Moritz», de thon au tamarin et de calmars «La Nouvelle-Orléans»; il y a aussi des plats d'influence mexicaine tels que le filet de *huachinango* à l'ail et en croûte de sésame, sauce papaye-mangue-piment. On retrouve aussi des compositions traditionnelles, dont le filet mignon à la sauce au vin rouge et aux champignons.

## Au sud du Río Cuale

La rue Basilio Badillo est connu comme la *calle de los cafés*. En effet, de chaque côté de la grouillante artère, se succèdent quantité de bars, cafés, restaurants et *taquerías*.

Le **Café Lido** *($-$$; 8h à 20h; Calle Basilio Badillo, n° 206, ☎2-23-79)* portait autrefois le joli nom de «Aux Deux Dauphins»; l'appellation existant déjà à Puerto Vallarta, la propriétaire a dû changer le nom de son commerce. La sympathique et attachante Suissesse Rita Krunz a transformé la terrasse et la superbe cour de son *hacienda* en un café. C'est l'endroit parfait pour casser la croûte ou se rafraîchir, à l'ombre des parasols, en dégustant de savoureuses boissons aux fruits, dont un yogourt frappé aux bananes absolument délectable. On peut s'y restaurer sur le pouce. Au choix : salades, hambourgeois, sandwichs, assiettes de viandes froides. Rita prépare la plupart de ses gâteaux, et son café espresso est l'un des meilleurs de Puerto Vallarta. Rita Krunz vient également d'ajouter un restaurant à sa maison. L'endroit propose maintes variations de *tapas*, ces bouchées que l'on sert en guise d'amuse-gueule avec l'apéritif en Espagne. Chez elle, outre les classiques ibériques, les *tapas* ont des saveurs universelles : thaïlandaises, françaises, italiennes, chinoises, vietnamiennes et, bien sûr, suisses et mexicaines. Outre sa langue maternelle, l'allemand, Rita parle l'espagnol, le français et l'anglais parfaitement.

L'étage supérieur du club de nuit **Andale** *($-$$$; tlj 24 heures sur 24; Olas Altas, n° 425, ☎2-10-54 ou 3-06-84)* a été converti en restaurant. On y sert à toute heure de copieux déjeuners américains ainsi que des hambourgeois, des côtes levées, des crevettes ainsi qu'un *osso bucco* à la milanaise.

**La Casa de Los Hot Cakes - The Pancake House** *($$; tlj 8h à 14h; Calle Basilio Badillo, no 289, ☎2-62-72).* Deux appellations différentes pour un seul endroit! L'affamé du matin, le lève-tard ou l'amateur de petits déjeuners à l'américaine fait ici le plein de *pancakes* aux fruits à l'anglaise (une crêpe épaisse arrosé de Log Cabin Syrup), d'omelettes «caoutchouteuses», d'œufs bénédictine à la sauce «commerciale», de muffins, de crêpes au chocolat garnies de crème fouettée et de bien d'autres costaudes assiettes. Le tout est servi dans un joli jardin où poussent mangues et bananes. L'endroit est très populaire auprès des touristes américains qui trouvent en ces lieux leur nirvana gastronomique; il faut donc parfois s'armer de patience en attendant, au bar, qu'une place se libère.

Le **Balam** *($$-$$$; 12h à minuit; Calle Basilio Badillo, no 425, ☎2-34-51),* entièrement décoré par des artistes locaux, est l'un des préférés des gens de Puerto Vallarta et des amateurs de fraîches denrées marines. Les pêcheurs fournissent au restaurant leurs prises quotidiennes de poissons et de fruits de mer, qui sont par la suite grillés ou mijotés de savoureuses façons. Parmi les spécialités, il faut goûter les *empanadas* aux crevettes, la salade de fruits de mer, la soupe aux huîtres, le *ceviche*, le vivaneau aux amandes, la langouste grillée, le spaghetti aux fruits de mer, la tarte à la liqueur de café et la banane flambée.

Au **Café de Olla** *($$-$$$; mer-lun 12h à 23h, fermé mar; Calle Basilio Badillo, n° 168, ☎3-16-26),* les propriétaires Juan Sosa et Hildebia Avalos proposent une excellente cuisine familiale, et tous leurs plats sont authentiquement mexicains. La maison est spécialisée dans les grillades de viande, de poisson et de fruits de mer (voir aussi p 32, 35). Le restaurant fait salle comble avec des touristes tous les soirs. Le service se veut accéléré, et l'on avale sa soupe en regardant refroidir son plat principal – il est servi en même temps que le potage! La salle est sombre et l'air étouffant, bien qu'on y trouve de nombreux ventilateurs. Tout au long du repas, des *mariachis* défilent à tour de rôle. Les *margaritas* servies ici sont absolument gigantesques.

Le Club Meza del Mar dispose d'un restaurant sur sa terrasse surplombant la mer : **Alejandro's** *($$-$$$; tlj 12h à 14h et 18h à 21h; Amapas, n° 380, ☎2-48-88)*, qui propose des buffets à la clientèle qui ont acheté ici des forfaits «tout inclus». Au menu, on inscrit des plats de fruits de mer ainsi que des spécialités mexicaines. Un orchestre vient s'y produire trois fois par semaine.

Une jolie terrasse peinte aux couleurs de la Grèce, en bleu et en blanc, annonce le restaurant **Karpathos Taverna** *($$-$$$$; lun-sam 9h à 23h; Rodolfo Gómez, n° 110)*. Il faut arriver tôt pour obtenir une place près de la rue; mieux vaut profiter de son intérieur climatisé et arrangé dans le pur style *psarotaverna* grecque. On y retrouve les classiques de la cuisine hellène : *tzatziki*, *taramolalata*, agneau grillé, *moussaka*, *baklava* et bien d'autres plats.

🦞 Heinz Reize, qui est d'origine suisse, parle anglais, français et espagnol avec autant de facilité que l'allemand, sa langue maternelle. Après de nombreuses années passées à Montréal et de gérance à l'hôtel Kristal Vallarta, Heinz vient d'aménager son **Coco Tropical** *($$-$$$$; tlj 12h à 1h; Basilio Badillo, n° 246, ☎2-54-85)* sur une jolie terrasse. Ce petit paradis, face aux vagues de la plage d'Olas Altas, se transforme du matin au soir (avant le dîner) en club de plage. C'est le restaurant tout à fait indiqué pour qui veut déguster un bon steak New York ou Cowboy, proposé à 200 g ou à 500 g. Le poulet grillé se mange lui aussi avec appétit, tellement il est délicieux. La soupe Azteca au bon fond tomaté avec ses *tortillas*, sa crème et son fromage doux, de même que les *tamales* aux crevettes, sont également des préparations incontournables, autant que leur excellente tarte aux pommes et leur crémeuse mousse au chocolat.

**Daiquiri Dick's** *($$-$$$$$; tlj 9h à 11h; Olas Altas, n° 314, ☎2-05-66)* est une terrasse couverte donnant directement sur la plage de Los Muertos. Le chef est mexicain, mais ose s'aventurer dans la cuisine dite californienne. On peut y déguster une «salade-repas» au poulet grillé au pesto, une traditionnelle soupe mexicaine aux haricots noirs, un thon grillé aux piments *chili* et à la coriandre, un filet de poisson à la sauce aux fruits, une poitrine de poulet au bacon et au fromage sauce au cari et aux champignons.

Une grande construction en *palapa* se démarque des autres constructions autant par son architecture que par son style qui, lorsqu'on l'aperçoit des abords de la plage d'Olas Altas, a des allures passablement pompeuses. **Nanahuatzin** *($$-$$$$$; tlj 8h à 23h; Olas Altas, n° 336, ☎2-05-77 ou 2-49-77)* dévoile une terrasse au décor un peu plus chargé qu'ailleurs. S'inscrivent ici au menu des préparations qui peuvent satisfaire à la fois la clientèle mexicaine et nord-américaine : salade César; assiette du pêcheur (filet de poisson farci de frais coquillages dans une sauce rouge gratinée); *mole poblano*; crêpes au caramel.

🦐 **La Palapa** *($$$; tlj 8h à 23h; Calle Amapas, n° 124; plage de Los Muertos, près de la rue Púlpito, ☎2-52-25)* dispose d'une jolie terrasse, sur la plage de Los Muertos, offrant une vue imprenable sur la Bahía de Banderas. On y mange d'excellents plats mexicains ainsi que de bonnes grillades de viande et de poisson. Voir aussi «Balade gourmande à Puerto Vallarta», p 35. Ce site idéal demeure l'endroit rêvé pour les baigneurs, qui peuvent aussi se régaler d'un copieux sandwich «trois-étages» (*club sandwich*) ou d'un bon *hamburguesa* (hambourgeois).

🦐 Les tables de la terrasse sont bien mises, quoiqu'un peu trop près du fort passant trottoir de la rue Olas Altas. Pour bien profiter de l'exquise cuisine du **Café Maximilien** *($$$; lun-sam 18h à 23h, fermé dim; Calle Olas Altas, n° 380-B, ☎3-07-60)*, il vaut mieux choisir de s'attabler à l'intérieur. Le décor de la salle est une symbiose de brasseries parisienne et autrichienne. Le propriétaire est autrichien, comme l'était l'empereur Maximilien, tandis que le chef initiateur du menu (il œuvre maintenant au Café Trio) est allemand. Alors, rien d'étonnant à ce qu'on prépare des escalopes viennoises (*schnitzels*), des saucisses viennoises (*weiner saltbratens*) et des strudels aux pommes (*appelstrudels*) comme dans le pays d'origine. Au menu s'ajoutent certains plats de «cuisine mexicaine moderne». Influence européenne? Ici les *tortillas* de la soupe, bien relevée d'aulx grillés et d'herbes fraîches, sont remplacées par de la mie de pain. Les préparations sont savoureuses. La poitrine de poulet (avec os et peau) au romarin sur purée de pommes de terre, avec légumes rôtis et sauce à la moutarde (à l'ancienne), est joliment présentée. Autres spécialités à la carte : des grillades de poisson, d'agneau et de bœuf.

RESTAURANTS

Un peu en retrait de la rue Basilio Badillo, aussi nommée «Calle de los Cafés», le restaurant **Jalapeño's** *($$$-$$$$; 17h à 23h; Calle Basilio Badillo nº 211)* opte pour la cuisson sur charbons de bois. La patronne est une Américaine originaire du Wisconsin, mais les cuisiniers sont tous mexicains et préparent de bonnes grillades de poisson, de poulet ou de bœuf. La soupe de *tortilla* et celle aux fèves noires sont excellentes.

Le restaurant argentin **Los Pibes** *($$$-$$$$$; tlj 12h à 23h; Basilio Badillo nº 261, ☎3-15-57)* est facilement reconnaissable à son immense gril occupant presque tout l'espace à l'avant du local. C'est la marque de commerce de l'établissement, qui prépare des grillades avec des viandes d'excellente qualité.

Jean Pierre LeBousicalt s'est mis en tête de préparer les plats préférés des commentateurs des différents médias américains à son **The Reporter Restaurant** *($$$-$$$$$; tlj 9h à 23h, avr à oct 17h à 23h; Ignacio L. Vallarta, nº 230, ☎3-27-80)*. Ainsi, l'entrée dénommée «Dan Rather» est une salade de poisson et de fruits de mer, le plat «Ed Bradley» un filet de *mahi-mahi* glacé à l'orange, et le «Richard Kapplan», une côte de bœuf au bourbon. La liste du menu est une longue suite dans le même style.

🦐 Il n'y a pas que l'Insectarium de Montréal qui offre aux aventureux gourmets l'opportunité de déguster une brochette d'insectes ou de «bibites», comme disent les Québécois. Le **Los Laureles** *($$$-$$$$$; tlj 14h à minuit; Basilio Badillo, nº 286, ☎2-02-56)* émaille son menu typiquement mexicain de quelques denrées aussi inusitées qu'originales à base de *chapulines* (sauterelles grillées), de *huazontles* (plantes aromatiques), de *huitlacoches* (champignons parasites du maïs), d'*escamoles* (œufs de fourmis, le caviar mexicain!) ou de *gusanos de maguey* (vers de cactus). Mais il n'y a pas que cela. On y concocte une excellente soupe aux fèves noires, un *caldo loco* (bouillon fou), qui est une soupe traditionnelle au poulet, à l'oignon, au riz et au fromage, une savoureuse soupe à la lime (consommé de volaille rehaussé de jus de lime aux garnitures de poulet et de fromage), enfin des plats délicieux tels que la poitrine de poulet préparée aux trois *moles* (un vert au *chile poblano*, un rouge et un autre aux *frijoles*, ou pois, et au fromage). Le filet de poisson à l'ail ainsi que le plat d'*arrachera* (émincé de bœuf servi avec *guacamole*, *frijoles* et oignon) sont deux autres délices qu'il ne faut pas hésiter à commander. Parmi les entremets réussis, le riz au lait (*arroz con leche*) et le *flan* sont deux douceurs délectables.

Le **Café Frankfurt** *($$$-$$$$$; tlj 12h à 23h30; Basilio Badillo, nº 300, ☎2-34-03)* se terre à l'intérieur d'un patio. Le restaurant propose des bières allemandes et des *schnitzels* ou des *bratwursts* et d'autres spécialités germaniques dont la fameuse choucroute garnie.

**Archie's Wok** *($$$$; Calle Francisca Rodríguez, nº 130, ☎20-411)*. Ce restaurant porte le nom du Philippino-Américain Archie Alpenia, qui fut cuisinier du producteur cinématographique américain John Huston. Depuis la mort d'Archie, il y a quelques années, et malgré les tentatives de sa femme Cindy de maintenir la qualité, la maison n'est plus ce qu'elle a déjà été. L'endroit est magnifique, mais certains plats sont des plus décevants. Il faut surtout éviter les compositions aigres-douces qui, même si elles sont préparées au goût américain, sont trop sirupeuses pour les vrais amateurs de gastronomie asiatique. Cela dit, les rouleaux printaniers, le poulet aux noix de cajou et aux pois mange-tout à la sauce aux huîtres, ainsi que les crevettes à l'ail, au gingembre et à la coriandre, demeurent de bons choix pour ceux qui aiment ce genre de cuisine. On cause en américain ou en espagnol avec la patronne.

Dans un cadre digne de l'époque coloniale française, mais dans un déploiement de couleurs mexicaines, les Français Marc Bernard et Philippe Maurice, le chef, ont ouvert le **Café Olé** *($$$$$; tlj 17h à 23h; Calle Basilio Badillo, nº 283, ☎2-28-77)*, après un apprentissage de quelques années en Chine, en Thaïlande et au Japon. En plus des meilleurs produits mexicains, le chef a un penchant pour les fines denrées d'importation. Chevreuil de la Nouvelle-Zélande, agneau d'Australie, saumon de la Nouvelle-Écosse et moules de la Méditerranée se retrouvent donc au menu. On mange à la terrasse en surplomb sur la rue ou dans la salle à manger climatisée. Évitez les plats tape-à-l'œil préparés à la table : ils dénaturent le produit et dévoilent peu de saveur.

Les terrasses d'**El Palomar de los Gonzáles** *($$$$; tlj 18h à 23h; Calle Aguacate, nº 425, ☎2-07-95)* surplombent la ville de Puerto Vallarta et offrent le spectacle grandiose de la *puesta* *del sol* (son coucher de soleil), dans un embrasement de teintes rosées, se profilant sur la baie, le port et les montagnes environnantes. C'est un magnifique endroit où prendre l'apéritif, mais on évitera sa décevante et coûteuse cuisine. La maison est un leurre à touristes, et mieux vaut redescendre au niveau de la rue Basilio Badillo.

 Le **Café Adobe** *($$$$$; tlj 18h à 11h; Basilio Badillo, nº 252, ☎2-67-20)* contribue à l'excellente réputation de son artère gourmande. La décoration rappelle de façon spectaculaire les adobes, ces cases traditionnelles aux murs d'argile. Le chef Vicente Montes allie cuisine traditionnelle et nouveautés, combine les saveurs pour donner à ses plats un air de jeunesse et de légèreté. Au menu : tendres feuilles de laitue au fromage feta ou ailes de poulet glacées au piment doux; crème de coriandre aux palourdes ou soupe de *tortilla*; filet de *huachinango*, sauce hollandaise à la mangue; crevettes géantes enrobées de coco et grillées, sauce à l'orange; filet de bœuf farci aux *huitlacoches* (champignons parasitaires de l'épis de maïs), sauce au fromage; *flan* au café ou gâteau au fromage coco-mangue.

On se rend chez **Sr. Chico's** *($$$$$; tlj 17h30 à 23h30; Púlpito, nº 373, ☎2-35-70)* pour la vue qu'il offre sur la ville et ses environs. Côté cuisine, il n'y a rien de très excitant, et certains plats sont préparés par le serveur à votre table, comme les crevettes au bacon, aux champignons, aux épinards et au vin blanc, le filet mignon accompagné d'une langouste et de crevettes, de même que la banane flambée.

# ✕ LE SUD DE PUERTO VALLARTA

Plusieurs restaurants se disputent les nombreux baigneurs de la plage de Mismaloya. Sur la rive sud du Río Mismaloya, leurs terrasses se sont entassées sur le sable où l'on doit obligatoirement et inévitablement passer pour se rendre d'un établissement à l'autre. Chemin faisant, chacun vante son menu et tente d'attirer la clientèle. Situé au centre de la plage, le **Ramada Miramar** *($-$$; tlj 9h à 18h; plage de Mismaloya)* mérite qu'on s'y arrête pour le casse-croûte. À déguster : *empanadas* aux crevettes ou au poisson, *quesadillas*, brochettes de crevettes, filet de *huachinango*. Les frites sont excellentes, et le service s'effectue avec une nonchalance bien sympathique. Note : l'établissement n'accepte aucune carte de crédit et, un conseil, exigez que l'on vous rende la monnaie!

Au **El Embarcadero** du **Club Blue Bay** *($$-$$$; tlj 7h à 10h30, 13h à 15h et 19h à 22h; Carretera a Barra de Navidad, km 4, ☎1-55-00)*, on dresse des buffets pour la clientèle résidente ainsi que pour les abonnés de son club de plage. On y sert une cuisine dite internationale, avec un choix de plusieurs plats cuisinés, ainsi que des pâtes, des salades et un invitant comptoir à desserts. On profite ici d'une belle vue sur la baie. Au même endroit, **La Hacienda** *($$-$$$$$; tlj 6h30 à 22h30)* propose, quant à elle, des spécialités de cuisine mexicaine, tandis que **The Grill House** *($$$$$; 18h30 à 22h)* prépare toutes sortes de grillades : côtes levées, poulet, steak, etc.

Le restaurant **La Noche de la Iguana** *($$-$$$$; tlj 10h à 23h; km 12,5, Carretera a Barra de Navidad, Mismaloya)*, comme son nom l'indique, a décidé de s'installer en haut du célèbre lieu de tournage de *La Nuit de l'iguane*. On peut encore apercevoir quelques vestiges du film hollywoodien tout en bas de l'escalier abrupt se trouvant au bout de la promenade qui conduit à la plage de Mismaloya; il est moins essoufflant d'y venir par la route. La terrasse, sur le sable, surplombe la baie. Un repas type : salade, soupe de tortue, plat de crevettes et dessert pour 16$US *(pas de cartes de crédit)*.

Au tournant du Río Los Horcones, véritable torrent se frayant un chemin entre les rochers, sont établis plusieurs commerces dont le **Chico's Paraíso** *($$-$$$$; tlj 10h à 19h; km 20, Carretera a Barra de Navidad, ☎2-07-47)*. Pour édifier ce restaurant, on a utilisé la pierre comme matériau de construction et enjolivé l'ensemble de *palapas* afin de créer une certaine harmonie avec le milieu. On y sert surtout des fruits de mer et des grillades, mais aussi des *quesadillas*, un savoureux *guacamole* et une gourmande tarte à la noix de coco *(pas de cartes de crédit)*. Un taxi depuis le centre-ville de Puerto Vallarta coûte 82 pesos, ou 25 pesos si l'on part de Boca de Tomatlán.

Après le village, juste en face de la plage de Mismaloya, en bifurquant sur la gauche, la route devient alors un chemin tortueux qu'il faudra emprunter sur plus de 2 km avant de pouvoir atteindre le restaurant **Chino's Paraíso** *($$$-$$$$$; tlj 10h à 17h; Río Mismaloya, Charco Azul, Riviera Norte,*

RESTAURANTS

☎5-04-79*)*. Le bâtiment, abrité sous les palmes, a été conçu de façon à s'harmoniser avec son environnement. Situé près d'une chute, en forêt, cet établissement est réputé pour ses fruits de mer grillés, ses cuisses de grenouilles, son filet de poisson et son poulet grillé. L'endroit est un peu cher au dire de certains.

**Le Kliff** *($$$-$$$$$; tlj 12h à 22h30; km 17,5, Carretera a Barra de Navidad, Mimasmaloya,* ☎89-06-66 ou 4-09-75*)* est perché tout en haut de la falaise. C'est la plus grande construction en *palapa* des Amériques. Le restaurant a été aménagé sur plusieurs paliers à aire ouverte avec comme seule protection ces grands toits circulaires en palmes naturelles (*palapas*). La cuisine de cet impressionnant restaurant, qui peut accueillir plus de 600 personnes à la fois, ne brille pas avec autant d'éclat. Le choix des préparations est assez limité, et les compositions sont moitié américaines moitié mexicaines : soupe d'avocat à la chair de crabe, *gombo* louisianais, assiette «terre et mer»; plats de poisson et de fruits de mer, spaghettis, etc.

Plus loin sur la route, avant d'atteindre Boca de Tomatlán, le gigantesque **Che Che** *($$$-$$$$$; lun-sam 10h à 17h, fermé dim; km 17, Carretera a Barra de Navidad, Boca de Tomatlán,* ☎4-01-08*)* sert une cuisine traditionnelle qui ne se retrouve habituellement pas sur les tables de Puerto Vallarta. Parmi ces inédits : le poulet cuit à la vapeur dans une feuille de bananier, de la poulpe marinée, des jarrets de porc *achiote* et quantité de plats à base de fruits de mer. Les *tortillas* sont fabriquées sur place. On atteint l'endroit en descendant un long sentier, jusqu'à son emplacement près de la mer. La remontée, évidemment, est plus pénible.

Avant d'atteindre Mismaloya, le chemin où se terre l'établissement suivant longe un ruisseau qui se fraye un passage à travers une forêt dense et humide. On suit cette route jusqu'au *rancho* **El Nogalito** *($$$-$$$$$; tlj 10h à 16h; Avenida del Cedro, nº 200,* ☎1-52-25*)*. Le restaurant est en fait une simple terrasse couverte qu'entoure un jardin tropical où croissent fleurs tropicales et arbres fruitiers. On y reçoit des groupes auxquels on propose des spécialités traditionnelles (*mole* de poulet, crevettes sautées, pieuvre à l'ail) ou des grilades : poulet grillé; filet mignon, sauce aux champignons; etc.

L'hôtel grand tourisme **La Jolla de Mismaloya** abrite deux restaurants qui méritent quelques visites. **La Iguana Italiana** *($$$-$$$$$; tlj 18h à 1h; Playa Mismaloya, ☎8-06-60)* loge dans un cadre élégant que dominent de belles boiseries. La cuisine a ici bonne réputation auprès des amateurs de mets italiens. Au menu : fettuccine «Alfredo»; cannellonis farcis aux fruits de mer; escalopes de veau glacées au vin blanc servies avec risotto; pizza au saumon et au fromage de chèvre. Le restaurant réserve un salon aux inconditionnels du cigare; le bar propose plus de 100 marques différentes de *tequila*.

Dans le même hôtel, la terrasse du **El Patio - Steak House** *($$$-$$$$$; tlj 8h à 23h)* surplombe la plage et, comme son nom l'indique, propose des steaks ainsi qu'une excellente côte de bœuf. Toutes les pièces de viande sont ici sapides et juteuses à ravir.

Sur la Playa Las Estacas, le Camino Real abrite un fort bon restaurant. **La Perla** *($$$$$; sept soirs par semaine 19h à minuit; Hotel Camino Real, Playa Las Estacas, ☎1-50-00)* propose une excellente cuisine française et mexicaine. Le menu affiche plusieurs invitantes compositions, aussi inédites et originales les unes que les autres : salade de cactus aux verdures croquantes; soupe aux moules gratinée à la saveur de coco; médaillons de langouste gratinés; carpaccio de saumon; calmars sautés aux piments; carré d'agneau aux cacahuètes et aux fleurs d'amarante; magret de canard glacé au miel de goyave; filet de *huachinango* (vivaneau) grillé aux champignons mexicains – sauce aux piments Poblano; crevettes parfumées au coco – sauce aux mangues.

Sur sa plage entrecoupée de rochers, le restaurant-bar **El Set** *($$$$$; Carretera a Barra de Navidad, km 2,5, ☎1-53-42 ou 1-53-41)* est en partie ombragé par un immense hévéa et des treillis de palmes tressées. Sa jolie terrasse donnant sur l'océan Pacifique a sans doute contribué à sa popularité. La clientèle y est surtout nord-américaine et aime déguster ici des plats aux saveurs du Mexique tels que la combinaison de *fajitas* au bœuf, au poulet et au porc; la préparation se présente en sauce à l'indienne et gratinée. Il y aussi des fruits de mer proposés au beurre à l'ail ainsi que des crêpes Suzette en guise de dessert.

**RESTAURANTS**

LA ZONE HÔTELIÈRE DU NORD

Sur la terrasse de l'hôtel Holiday Inn, **La Guacamaya** *($$$-$$$$; tlj 7h à 23h; Francisco Medina Ascencio, km 3,5, ☎6-17-00)* dresse un généreux buffet agrémenté d'un bon choix de plats cuisinés (une quinzaine), de fruits de mer, de viandes et de légumes. Les préparations sont simples, mais les produits sont de qualité. Quelques exemples : soupe aux tomates et aux pommes de terre; soupe aux choux; salade de cresson et de champignons; légumes verts (haricots, brocolis, christophines); purée d'ignames, rôti de porc au jus; spaghetti, sauce à la viande; fruits de mer en sauce (palourdes, crabe, pétoncles, etc.); gâteau quatre-quarts au sirop; crème renversée au caramel, etc. Les clients – plusieurs viennent de l'extérieur de l'hôtel – font la queue pour leur généreux hambourgeois fait d'une bonne portion de viande grillée sur charbons de bois auquel on ajoute les garnitures de son choix.

Cuisines française et italienne sont à l'honneur à l'**Avanzaré** *($$$$$; lun-sam 18h à minuit; Francisco Medina Ascencio, km 3,5, Holiday Inn, ☎6-17-00)*. On sert l'une ou l'autre des cuisines, sans combiner les deux dans une même assiette, comme c'est malheureusement trop souvent le cas. Dans un décor hétéroclite où trône un piano à queue, on s'assoie sur de petites chaises de taverne à dossier bas ou sur des banquettes rembourrées de style colonial. Le client déguste ici un carpaccio en «Concert» composé de thon, de bœuf et de crevettes ou un tartare au saumon et au thon, voire une soupe champêtre au pesto. Suivent ensuite les crevettes papillons flambées au Pernod, le filet de bar en croûte d'herbes ou le carré d'agneau, sauce à l'ail.

L'hôtel **Sheraton Buganvilias** abrite quatre restaurants qui sont répartis au pied de ses huit tours. L'un d'eux, le **Café Bistro Las Gaviotas** *($$$$$; tlj 18h à minuit; Sheraton Buganvilias, Francisco Medina Ascencio, n° 999, ☎3-04-04)*, propose une cuisine internationale composée essentiellement de steaks et de fruits. Un plantureux comptoir à salades s'offre à la convoitise de chacun. Il y a musique tous les soirs. Un autre restaurant, **El Mirador** *($$$$$; tlj 17h à 23h; ☎3-04-04)*, se situe sur une belle terrasse couverte d'une grande *palapa*. Les spécialités y sont italiennes. Si l'on veut manger de façon plus décontractée,

**La Villita** *($$$-$$$$; tlj 7h à 23h)* vous fera apprécier ses délicieux sandwichs et quelques autres préparations à la mexicaine. Pour un simple casse-croûte, les clients se rendent aussi au **El Chiringuito** *($$-$$$; tlj 12h à 17h)*.

 Le **Fiesta Americana** se flatte d'avoir en ses murs un excellent restaurant de cuisine mexicaine créative. **La Hacienda** *($$$$$; tlj 18h à minuit; hôtel Fiesta Americana, ☎4-20-10)* sert, dans un décor rustique et de style colonial, de bons plats, tous présentés avec goût et originalité. Au menu : soupe de crevettes et *nopalitos* (cactus); crème au fromage roquefort; filet de poisson farci aux crevettes, sauce au maïs; *enchiladas* de langouste au fromage avec *salsa verde*; gâteau de maïs.

# MARINA VALLARTA

Sur les quais de la Marina Vallarta, les restaurants, qui semblent être pris comme dans un étau entre des commerces de toutes sortes, tentent désespérément d'imprégner leur terrasse d'une certaine ambiance. Malgré ce bel effort, l'ensemble dégage peu de chaleur, et l'atmosphère demeure assez froid. Néanmoins, le restaurant **Mr. Nopal** *($$-$$$; tlj 8h à 23h; Marina Vallarta, ☎1-02-72, poste 2007)* se démarque de ce lot un peu cru. Situé dans un enclos de murets de briques grises, l'établissement présente une décoration intérieure tout à fait mexicaine et s'illumine d'un panache de couleurs vives. Dans cet environnement moderne et résolument bourgeois, voilà qui détonne de belle façon. La patronne, qui vient de México, propose quelques spécialités intéressantes, dont un avocat farci au *huitlacoche* (un champignon indigène), le *caldo de haba con nopal y chile passilla* (soupe aux fèves, au cactus et au chili), et les *camarones a Mr. Nopal (nopal* désigne une large feuille, ou palette de cactus), ici garnis de fromage et d'une crevette géante, puis gratinés. L'addition y est tout à fait honnête.

Le voisin italien du Mr. Nopal, **La Terraza** *($$-$$$; tlj 8h à minuit; Marina Vallarta, ☎1-05-60 ou 1-02-62, poste 1220)*, propose, dans un décor moderne, des plats de pâtes à l'*arrabiata*, Alfredo et *vongole*, ainsi que des raviolis, des langoustines et des filets de poisson. Assis sur des chaises de plastique, on y déguste aussi des pizzas fraîchement sorties du four.

🦃 Sur la promenade de la marina se trouve un ultime restaurant, le **Porto Bello** *($$$-$$$$$; tlj 12h à 23h; Marina Vallarta, ☎1-00-03)*, tenu par un Torontois et un Portugais. Le serveur et le menu sont italiens : un menu des plus classiques, comme on en voit dans la plupart des établissements du genre, avec les sempiternelles *antipasti*, pâtes, pizzas, plats de veau ou de fruits de mer. Mais rassurez-vous, l'excellence est au rendez-vous. La pizza a une croûte légèrement feuilletée, et les pâtes, cuites à point, reçoivent de bons ingrédients et assaisonnements. Un endroit sûr qui permettra de se remettre de certains abus gourmands.

Le restaurant **Garibaldi** *($$$-$$$$$; tlj 13h à 17h et 18h à minuit; hôtel Westin Regina, ☎1-03-22 ou 3-28-00)* offre, dans une ambiance de port de pêche, une grande sélection de poissons et fruits de mer. Parmi les suggestions du chef Antonio García, notons le *taco* de crevettes avec salade César, le vivaneau *sarandeado* (grillé sur charbons de bois) et le risotto de fruits de mer.

L'hôtel Marriott CasaMagna propose à son restaurant **Mikado** *($$$$$; tlj 18h à 23h; Paseo de la Marina, n° 5, Marriott CasaMagna, ☎1-00-04)* une cuisine japonaise stéréotypée. *Sushis, sashimis* et plats s'y préparent avec un faste folklorique par un cuisinier armé de multiples couteaux. Posté derrière son gril, ce samouraï joue du couteau de façon vertigineuse, au grand plaisir des «spectateurs» américains qui raffolent d'un tel maniement de la lame. Outre la classique soupe *miso*, on y déguste de bons *tempuras* de légumes et de crevettes, du bœuf et du poulet en sauce *satay*, les deux également proposés à la *teriyaki*, du filet de poisson sauté aux herbes que l'on accompagne de légumes au gingembre ainsi qu'une glace frite servie avec une sauce au chocolat.

Au **Sazón** *($$$$$; tlj 18h à minuit; centre commercial Las Iguanas – 2ᵉ étage, Planta Alta, Marina Vallarta, ☎1-06-81 ou 1-06-91)*, Roberto Gómez, un superbe chef mexicain, a conçu avec Thierry Blouet le magnifique menu de ce restaurant-discothèque – près de la Marina Vallarta – proposant des plats aussi exquis qu'inusités : émincé de poulpe aux champignons en feuille de bananier – sauce pimentée à l'ananas; langue de bœuf, avocatine à l'ail et à la coriandre; filet de dorade grillé à la coriandre; gâteau au fromage à la liqueur de café; crêpe de citrouille au caramel.

Donnant sur la promenade (*malecón*) et les quais de la marina, **Rincón de Buenos Aires** *($$$$$; tlj 1h à 23h; Royal Pacific, nº 127, ☎1-22-60)* – les Sánchez sont originaires d'Argentine – est réputé pour ses différentes coupes de bœuf grillées sur charbons de bois. Aussi au menu, outre les grillades : *empanadas*; coquille de fruits de mer; suprême de poulet «Buenos Aires» au jambon, au fromage et aux épinards; porc à l'aigre-doux aux fruits tropicaux; filet de *huachinango* au roquefort.

**Andrea** *($$$$$; tlj 7h30 à 23h; Avenida Costera, nº 585, ☎1-00-91)*. Le restaurant de l'hôtel Velas Vallarta propose, dans un décor recherché, des spécialités italiennes : coquillages au gratin; risotto au calmars et aux crevettes; *rigatoni* aux tomates, au basilic et au bacon; escalope de veau *picante*; tiramisu. À l'occasion, un accordéoniste propose ses mélodies aux dîneurs.

# NUEVO VALLARTA

Le **Club Marival Vallarta** regroupe quatre restaurants. La **Casa Bella** *($$-$$$; tlj 12h à 16h et 18h30 à 23h; Bulevar Nuevo Vallarta – coin Paseo de los Cocoteros S/N, ☎329-7-01-00)* dresse un buffet varié midi et soir au centre duquel on ajoute parfois de superbes pièces montées. Le midi, la **Terraza Portofino** *($-$$$; tlj 11h à 17h et 18h à 23h)* fait office de casse-croûte aux baigneurs et aux vacanciers qui aiment se restaurer rapidement et sans formalité. La table d'hôte du soir est servie sur la terrasse et suggère quatre choix de plats dont du steak, du poulet grillé ou un poisson. Les deux autres restaurants proposent un menu à la carte : **La Pergola** *($-$$$; tlj 7h à 23h)* fait une cuisine d'influence internationale, et le **Bella Vista** *($$-$$$$; tlj 18h à 22h)* prépare des spécialités italiennes dans un décor plus soigné.

**LES ENVIRONS DE PUERTO VALLARTA**

## Le nord

Il règne une ambiance bien mexicaine chez **El Asadero** *($; tlj 13h à 19h; Calle 16 de Septiembre, Caminó al Rastro, Pitillal, ☎4-68-48)*, établi dans la banlieue et surtout fréquenté par une clientèle locale. On s'y délecte, à peu de frais, et à volonté, de *carne asada* : une entrecôte de bœuf grillée et émincée – servie avec du *guacamole*, des oignons poêlés et des fèves rouges. Les *tortillas* sont fabriquées sur place et se présentent en délicieuses *quesadillas* ou *birrias* (farcies au bœuf ou au poulet, elles s'accompagnent de sauce piquante explosive) ou deviennent *jocoquis* (des *tortillas* grillées et gratinées au fromage). Autre spécialité fort populaire préparée par la maison : le *chorizo*, grillé sur charbons de bois.

Quand vous irez à Sayulita, il ne faut pas manquer de visiter **Don Pedro's** *($-$$$; mer-lun 8h à 22h; Calle Marlín, n° 02, ☎329-5-12-29)*, dont les deux terrasses étagées surplombent la très belle plage. La terrasse du rez-de-chaussée propose des plats de cuisine rapide : hambourgeois; *club sandwich*; poulet grillé; une pizza au *chorizo*, aux oignons, au *chile poblano*, aux fèves noires et à la coriandre ainsi qu'une autre pizza aux crevettes, à l'ail, au bacon, à la tomate, au basilic et au fromage (la pâte des pizzas est mince et croustillante). En haut, le chef et copropriétaire Nicólas Parrillo met en pratique ses années d'apprentissage à Los Angeles, en Californie. Carpaccio de thon, minestrone au pesto et pâtes aux fruits de mer se retrouvent donc à son menu : moussaka; *marlín* (même famille que le thon) fumé maison en salade et poitrine de canard au vinaigre balsamique et au miel. On y fait un très bon café espresso.

Se ravitailler en frais produits de la mer est la préoccupation quotidienne du restaurant **Miramar** *($$; tlj 12h à 19h; plage de Manzanilla, La Cruz de Huanacastle)*. Cet établissement conserve jalousement sa bonne réputation et défend son titre du meilleur endroit où déguster de fraîches denrées marines. Sa modeste terrasse, que protège une toiture de feuilles de palmier tressées, reçoit de nombreux artistes locaux venus se rassasier de moules, de pétoncles géants, de conques, de langoustes, de crabes et de *huachinango* (vivaneau) admirablement préparés.

Le *pescado sarandeado* est un poisson boucané et grillé sur charbons de bois selon un mode de cuisson traditionnel toujours en vogue dans la région. Les restaurants **Acuario** et **El Anclote** *($$$; tlj 8h à 20h; plage d'El Anclote)* en ont fait leur marque de commerce. Les deux menus se ressemblent : soupe de fruits de mer; langoustes grillées; filets de poisson auxquels mets s'ajoutent quelques plats de restauration rapide comme l'*hamburguesa* (hambourgeois), les *fajitas* et le poulet grillé.

---

## Le sud

---

On trouve au centre du village d'El Tuito, face à la halte d'autobus, le **Nuevo Restaurant Nena** *($; tlj 7h30 à 21h); puis, voisin, El Tuito, ☎322-8-00-93)*, le meilleur endroit où se rafraîchir. Il se démarque du Nena par sa propreté. María Magdalena, la propriétaire, prépare une bonne cuisine familiale : soupe au bœuf ou au poulet *(caldo de rez, caldo de pollo)*; grillades de bœuf ou plat de porc en sauce *(carne de rez en salsa roja, puerco en salsa verde)*. Sont également proposées des préparations plus légères telles que les *quesadillas* (*tortillas* fourrées au fromage) et les *tacos dorados*, roulés et farcis au fromage et à la crème. Les *tortillas* sont préparées sur demande sur la plaque d'un four artisanal.

Avez-vous visité notre site web
www.ulysse.ca ?

LEXIQUE GASTRONOMIQUE

| | |
|---|---|
| addition | *la cuenta* |
| agneau | *cordero* |
| apéritif | *aperitivo* |
| amuse-gueule | *tapas* |
| beurre | *mantequilla* |
| bière | *cerveza* |
| bœuf | *vaca* |
| boire | *beber* |
| boisson | *bebida* |
| brochette-s | *brocheta-s* |
| café | *café* |
| carte de crédit | *tarjeta de crédito* |
| casse-croûte | *botana ou antojito* |
| chèque de voyage | *cheque de viaje / cheque de viajero* |
| citron | *limón* |
| côtelette-s | *chuleta-s* |
| couteau | *cuchillo* |
| crevette | *camarón* |
| cuillère | *cuchara* |
| déjeuner | *comida* |
| dessert | *postre* |
| dinde ou dindon | *pava ou pavo* |
| dîner (ou souper) | *cena* |
| eau | *agua* |
| eau distillée | *agua destilada* |
| eau gazeuse | *agua guaseosa* |
| eau minérale | *agua minerale* |
| espadon (à grande épée) | *espadón montante* |
| fourchette | *tenedor* |
| frites (pommes de terre) | *papas fritas (patatas fritas)* |
| fruit | *fruta* |
| fruits de mer | *mariscos* |
| glace (crème glacée) | *helado* |
| glaçon | *hielo* |
| grillade | *parrilla* |
| hamburger / hambourgeois | *hamburguesa* |
| homard | *bogavante / cangrejo* |
| hors-d'œuvre (ou entrée-s) | *entremese-s / entrada-s* |
| hot-dog / (chien-chaud) | *perro caliente* |

| | |
|---|---|
| huile | *aceite* |
| infusion | *infusión* |
| jus de fruit | *jugo de fruta* |
| lait | *leche* |
| langouste | *langosta* |
| langoustine | *cigala* |
| légume | *verdura* |
| manger | *comer* |
| menu | *menú* |
| moule | *mejillón* |
| nappe | *mantel* |
| paille-s | *paja-s* |
| palourde | *almeja* |
| petit déjeuner | *desayuno* |
| pétoncle | *pechina* |
| piment | *pimiento* |
| piquante (sauce) | *salsa picante* |
| plat (un) | *un plato* |
| poisson | *pescado* |
| poivre | *pimienta* |
| portion de (une) | *una orden de* |
| poulet | *pollo* |
| pourboire | *propina* |
| reçu | *recibido* |
| repas | *comida* |
| réservation | *reserva* |
| restaurant | *restaurante* |
| riz | *arroz* |
| sauce | *salsa* |
| sel | *sal* |
| serviette | *servilleta* |
| soupe (ou potage) | *sopa* |
| sucre | *azúcar* |
| table (une) | *una mesa* |
| tasse | *taza* |
| téléphone | *teléfono* |
| terrasse | *terraza* |
| thé | *té* |
| thon | *atún* |
| toilettes des dames | *servicios para damas* |
| toilettes des messieurs | *servicios para caballeros* |
| veau | *ternero* |
| verre | *vaso* |
| viande | *carne* |

RESTAURANTS

| | |
|---|---|
| vin blanc | *vino blanco* |
| vin rouge | *vino tinto* |
| vinaigre | *vinagre* |
| vivaneau | *huachinango* |

---

## Et pour mieux se faire comprendre

---

| | |
|---|---|
| Garçon! | *¡Mesero! / ¡Joven!* |
| S'il vous plaît, puis-je voir le menu? | *¿Por favor, puedo ver el menú?* |
| J'ai faim | *Tengo hambre* |
| Qu'avez-vous à manger/ à boire? | *¿Qué hay de comer/ tomar?* |
| Que me conseillez-vous? | *¿Qué me aconseja?* |
| Je voudrais un peu plus de... | *Quisiera mas...* |
| Où sont les toilettes? | *¿Donde estan los servicios?* |
| Je voudrais l'addition s'il vous plaît | *Quisiera la cuenta, por favor* |
| Merci beaucoup! | *¡Muchas gracias!* |

## SORTIES

es boîtes de nuit ne manquent pas à Puerto Vallarta, et celles-ci offrent toutes les gammes de divertissements : spectacles à grand déploiement, groupes folkloriques ou modernes, concerts de jazz, musique disco, etc. Dans les bars et cafés du Malecón, la promenade du bord de mer, les noctambules trouvent toujours un endroit où danser au rythme de leur musique préférée. En outre, il est possible d'apaiser une fringale de fin de soirée dans la plupart de ces établissements, qui sont également des restaurants.

 LA VIEILLE VILLE

### Au nord du Río Cuale

Les amateurs de billard seront choyés au **Stars Vallarta** *(14h à 3h; Calle Zaragoza, n° 160, côté sud de la place d'Armes, ☎2-20-61 ou 2-60-62)*, qui a installé ses six tables au troisième étage, permettant ainsi aux joueurs de profiter d'une jolie vue sur le Malecón et la magnifique cathédrale de Puerto Vallarta, au clocher surmonté d'une couronne. Un bar-disco et un restaurant sont situés aux étages inférieurs.

Le **Café Hard Rock** *(Paseo Díaz Ordaz, n° 652, ☎2-55-32)*, vous l'aurez deviné, se veut la place «rock» en ville. Un endroit à la fois animé et bruyant pour qui veut se défouler. Des groupes de musiciens y jouent de 23h à 2h du matin.

Au bar-restaurant **Carlos O'Brians** *(Paseo Díaz Ordaz, nº 786, ☎2-14-44)*, on boit davantage que l'on mange : c'est le rendez-vous préféré des *gringos*. Son ambiance irlandaise servie à l'américaine plaît à certains... Chose certaine, ça bouge chez Carlos, et il y a suffisamment d'action pour le recommander à qui recherche ce genre d'endroit.

Les jeunes dansent aux rythmes de la musique techno, house, reggae ou disco au club **Zoo** *(tlj 24 heures sur 24; Paseo Díaz Ordaz, nº 630, ☎2-49-45)*. Situé en face du Malecón, c'est peut-être la piste de danse la plus fréquentée et la plus endiablée en ville.

Jazz, blues et un peu de musique morderne sont au menu du tranquille **Bar Deco** *(18h à 2h; Calle Morelos nº 779, ☎2-01-80)*. De petits groupes de musiciens s'y produisent tous les soirs.

**El Panorama** *(18h à 3h; au 9ᵉ étage de l'hôtel La Siesta; Calle Josefa Ortiz Domínguez y Miramar, derrière la cathédrale, ☎2-18-18)* est un bar-restaurant d'hôtel, juché sur un morne, qui offre une vue panoramique sur la ville et le port de Puerto Vallarta. Il est agréable d'y prendre l'apéritif avant le repas ou, le soir venu, d'y siroter un verre en écoutant l'un des groupes, toujours excellents, que présente la maison.

La *tequila* de **Mr. Tequila's Grill** *(Calle Galeana, nᵒˢ 101-104, ☎2-57-25 ou 2-27-33)* aidant, le bar est très fréquenté par les touristes qui y dansent jusqu'aux petites heures du matin.

## Au sud du Río Cuale

Dans un style cabaret, au **Mariachi Loco** *(ouvert le soir; Calle Lazaro Cárdenas, nº 254, à l'angle de Ignacio L. Vallarta, ☎3-22-05)*, on dîne autour de tables parées aux couleurs du Mexique. La maison possède sa *taquería*, un comptoir où l'on sert abondamment des *tacos*, des *burritos* et autres préparations typiques. Mais la clientèle locale et touristique vient surtout pour y écouter des troupes de *mariachis*. Sur la grande scène, un animateur-chanteur (Victor Andrade ce soir-là) se plaît à divertir le public en espagnol; ces endroits sont plutôt rares, et la salle est remplie d'un public attentif.

Le rhythm-and-blues du **Roxy** *(ouvert le soir; Calle Ignacio L. Vallarta, à l'angle de Francisco I. Madero)* est joué par différentes formations venus des États Unis ou du Canada. Des tables basses reçoivent quelques Américains esseulés. Au coup du *happy hour (20h à 22h)*, l'endroit fait salle comble avec de bruyants fêtards.

Le restaurant-bar **Andales** *(12h à 2h; Calle Olas Altas, nº 425, ☎2-10-54)* est fréquenté par les habitants de la grande région de Puerto Vallarta. On y danse au son de la musique mexicaine jusqu'aux premières lueurs du jour.

L'une des discothèques les plus appréciées de la ville est sans contredit le **Cactus** *(mer-sam; à l'angle de la Calle Constitución et de Manuel M. Diéguez)*. Il y a fouille obligatoire des clients à l'entrée. Autour de la salle et devant la piste de danse, les banquettes sont réparties sur des gradins. Ce bar n'ouvre que le soir.

**La Iguana - Fiesta Mexicana** *(jeu et dim, 19h à 23h; Lazaro Cárdenas, nº 311, ☎2-01-05)* présente, autour d'un buffet bien garni à proximité du bar, des danses folkloriques mexicaines, de la musique de *mariachis* et diverses autres animations dont des lanceurs de lasso vêtus du *charros*, le costume traditionnel des vachers (cow-boys) du Mexique.

 ## LA ZONE HÔTELIÈRE DU NORD

À la **Plaza Las Glorias** *(centre hôtelier de la Plaza Las Glorias, Avenida de las Garzas, ☎2-22-24)*, en saison, le jeudi soir de 19h à 22h, il y a une grande *fiesta mexicana*. Au programme : cocktails, buffet mexicain et spectacle de danses folkloriques avec *mariachis*.

Le luxueux hôtel Kristal vibre aux rythmes de la musique disco à son club **Christine's** *(Avenida de las Garzas, Kristal Vallarta, ☎4-02-02)*, l'un des plus populaires à Vallarta.

SORTIES

MARINA VALLARTA

Tout se prête à la relaxation au club **El Faro** *(tlj 17h à 2h; Club de Yates, ☎1-05-41)*, au dernier étage du phare de la promenade du bord de mer (Malecón), au son d'une musique romantique. De là-haut, la vue sur la marina et sur la baie des Drapeaux (Bahía de Banderas) est splendide.

**La Taberna** *(tlj 10h à 2h; Puesta del Sol, local 1, ☎1-05-60)* offre une terrasse confortable sur la marina; le bar encercle la moitié d'un grand aquarium. L'ambiance s'anime à la faveur des différents matchs sportifs télévisés.

Les quilles ont leurs adeptes à Vallarta. **Collage** *(10h à 2h; route de l'aéroport, Marina Vallarta, ☎1-05-05)* se présente comme un vaste complexe renfermant, outre ses 18 allées de quilles et ses 7 tables de billard, des jeux vidéo, un restaurant-bar et une salle de danse où joue de la musique disco.

Le **Sazón** *(centre commercial Las Iguanas – 2e étage, ☎1-06-81 ou 1-06-91)* est à la fois une discothèque et un restaurant. Sa décoration moderne, éblouissante, et même audacieuse, en fait l'endroit le plus chic et le plus beau de Puerto Vallarta, sans pour autant que l'on ait à payer plus cher qu'ailleurs. C'est probablement aussi l'endroit où rencontrer et se faire de bons amis mexicains.

 BARS GAYS

**Los Balcones** *(Calle Juárez, n° 186)*, un bar-disco, offre une vue sur la grouillante artère Juárez. L'endroit est occupé, en bonne partie, par sa grande piste de danse peinte de couleurs flamboyantes. Quelques tables et canapés disposés près du bar reçoivent la clientèle mixte, hommes et femmes. L'endroit est très populaire auprès de la communauté gay de Puerto Vallarta, qui fréquente aussi assidûment le Paco Paco (voir ci-dessous), dans le même arrondissement.

De la rue, on peut apercevoir facilement les parasols sur le toit du **Paco Paco** *(Calle Ignacio L. Vallartas, n° 278, ☎2-18-99)*, où l'établissement a aménagé sa terrasse. Au rez-de-chaussée, la discothèque vibre au son d'une musique disco américaine dans une éblouissance de jeux de lumière scintillants; à l'étage, où se trouve la table de billard, l'endroit est un peu moins bruyant. La clientèle y est mixte.

Un peu dans le même genre, **Zotanos** *(19h à 4h; en face du Río Cuale, dans le parc, à la sortie du pont)* abrite un bar de rencontre au rez-de-chaussée et une discothèque au sous-sol.

 # TAUROMACHIE ET TORÉADORS

**La plaza de toros** *(100 pesos; 17h, mer nov à mai; Paseo de la Palmas, au sud de la Marina Vallarta)* est le haut lieu de la tauromachie de Puerto Vallarta. Des toréadors venus des quatre coins de la République livrent ici de durs combats aux taureaux dont quatre d'entre eux sont mis à mort lors de la soirée. Il faut avoir le cœur solide, et même être un peu sanguinaire, pour vraiment apprécier ce genre de spectacle qui attire malgré tout bon nombre de touristes.

## MAGASINAGE

**P**uerto Vallarta regorge de commerces de toutes sortes, pour les besoins du quotidien autant que pour le plaisir de se procurer de beaux objets. Partout en ville, de nombreuses boutiques dévoilent toutes les facettes de la culture mexicaine. La grande majorité des boutiques et magasins se trouvent regroupés près du Malecón, beaucoup sur les rues Morelos et Juárez, et sur l'île de la rivière Cuale. Mais, les moins chères sont celles qui sont situées au sud du Río Cuale, sur les rues Insurgentes, Ignacio L. Vallarta et les autres artères avoisinantes. La plupart des grands hôtels modernes, de même que la Marina Vallarta, sont équipés de centres commerciaux regroupant quantité de commerces et d'échoppes. Ces commerces ouvrent généralement de 9h à 21h.

 BOUTIQUES

### Isla Cuale et au nord du Río Cuale

Il ne faut pas manquer le **Mercado Municipal** *(à l'angle de la Calle Agustín Rodríguez et du pont de la rivière Cuale)*, un gigantesque marché aux puces débordant de toutes sortes de marchandises : vêtements, articles de cuir ou d'artisanat, magnifiques jeux d'échecs, flamboyants perroquets en papier mâché, hamacs et toutes les pacotilles imaginables.

## L'artisanat

Le Mexique possède une culture éblouissante qui se reflète jusque dans son artisanat. Les populations autochtones sont particulièrement douées pour toutes les formes d'art populaire, de même que pour l'ensemble des disciplines artistiques : tissage, sculpture, poterie et peinture. De nombreux artisans autochtones se sont regroupés en coopératives. Des vendeurs, parmi lesquels plusieurs sont autochtones, s'approvisionnent à ces mêmes coopératives ou auprès des artisans eux-mêmes. Ils revendent par la suite ces produits artisanaux dans les grands centres touristiques ou de villégiature du pays.

Il existe à Puerto Vallarta quelques boutiques gérées par les coopératives d'artisanat. Leurs succursales, spécialisées dans la vente au détail, proposent aux visiteurs les meilleurs prix qui soient, de même qu'un bon choix d'ouvrages magnifiques. Parmi les beaux objets à se procurer, mentionnons les pièces d'orfèvrerie, la vaisselle, la poterie multicolore, ainsi que peintures, bijoux, masques mythiques sculptés sur bois, tissus, carreaux de céramique, verre soufflé, vannerie, etc.

**Poisson-lune**

À côté, le **México Artesanal** *(Calle Agustín Rodríguez, n° 260, ☎3-09-25)* dispose d'un bon choix de créations artisanales : produits céramiques, vaisselles, bibelots, verreries ainsi que des meubles sculptés et peints de couleurs vives.

Beaucoup de pièces de verre soufflé sont proposées chez **Sol y Cactus** *(Calle Juárez, n° 252, Puerto Vallarta, à l'angle de la Calle Guerrero, ☎2-13-46).* Ces beaux objets se présentent dans une multitude de teintes et de formes.

Boutique administrée par l'État de Jalisco, la **Galería de Artesanias Jalisciense** *(sur la rue Juárez, en face de la place d'Armes)* est l'endroit le moins cher pour se procurer de beaux objets fabriqués par les artisans locaux : vaisselles, verres recyclés, produits céramiques, mobiles de toutes sortes, etc.

Le **Querubines** *(Calle Juárez n° 501)* est un fort joli commerce disposant d'un vaste choix d'articles éblouissants. Outre de colorées étoffes guatémaltèques, des nappes, des serviettes, des tapis tressés, des bibelots multicolores, des masques faits à partir de noix de coco et des calebasses peintes sont entassés pêle-mêle et proposés à des prix abordables.

On trouve quantité de tapisseries autochtones aux motifs perlés à la magnifique **Galería de Arte Huichol** *(Calle Corona, n° 164).* Certaines pièces sont fabriquées sur place par de talentueux artisans huichols.

Un peu en retrait, au nord du parc Hidalgo, l'**Alfarería Tlaquepaque** *(Avenida México, n° 1100)* est spécialisée en poterie et en pièces de terre cuite, lesquelles sont ensuite recouvertes d'un vernis de belle teinte brunâtre. La boutique propose aussi de la verrerie et des bibelots. Un mur complet est tapissé de figurines, des reproductions d'authentiques pièces aztèques et mayas.

## Au sud du Río Cuale

Au sud de la rivière Cuale, **La Rosa de Cristal** *(Calle Insurgentes, n° 272, ☎2-56-98)* fabrique et vend, entre autres, des objets de verre soufflé ou en terre cuite, des articles en fer forgé et des reproductions de pièces archéologiques.

MAGASINAGE

On ne peut pas aller à Puerto Vallarta sans s'arrêter au **Mundo de Azulejos** *(Calle Venustiano Carranza, n° 374, à l'angle de la Calle Insurgentes, ☎2-26-75).* La manufacture expose ici une grande variété de superbes carreaux et produits céramiques, ainsi que de magnifiques lavabos. Tous les carreaux de céramique sont peints sur place, et on les agrémente, sur commande, selon le goût de chacun : inscriptions, dessins, armoiries ou autres.

## La zone hôtelière du nord

La fabrique de meubles **Muebles Mexicanos** *(Fco. Medina Ascencio n° 1050, en face de l'hôtel Sheraton Buganvilias, ☎2-28-00 ou 2-17-15)* vaut le détour. Cette fabrique permet de découvrir toute l'habilité et l'ingéniosité créatrice des ébénistes et des artisans régionaux. Leurs travaux témoignent d'un grand talent artistique. On peut admirer, ou se procurer sur place, de belles commodes et armoires aux panneaux sculptés de motifs fleuris, des tables et des chaises toutes remarquables ainsi que de jolies assiettes, elles aussi peintes à la main.

 # CENTRES COMMERCIAUX

## La zone hôtelière du nord

Au nord de la ville, trois centres se disputent la clientèle : **Plaza Villa Vallarta** et la **Plaza Genovesa** *(les deux sur le boulevard Francisco Medina Ascencio, km 2)*, puis la **Plaza Caracol** *(Francisco Medina Ascencio, km 2,5)*, qui, en raison de sa situation près d'un quartier résidentiel, attire davantage les résidents des lieux que les touristes et a l'avantage d'offrir les meilleurs prix.

## Marina Vallarta

La **Plaza Marina** *(Carretera al Aeropuerto, km 8)* est peut-être le plus vaste centre commercial des environs. On y trouve des boutiques spécialisées, des commerces et des bureaux de toutes sortes : décoration, vêtements prêt-à-porter, chaussures, papeterie, librairie, galerie d'art, banques, maison de change, boutique de pressage, clinique dentaire, clinique médicale, clinique vétérinaire, restaurants, échoppes de souvenirs, etc.

En plus petit, la galerie **Plaza Las Iguanas** *(Manzana, n° 10)* abrite, elle aussi, quelques belles boutiques.

# GALERIES D'ART

## Isla Cuale et au nord du Río Cuale

Dans les galeries de Puerto Vallarta, ce grand lieu d'affluence touristique, l'art traditionnel local, mais aussi de toutes les autres régions du pays (peintures, vêtements, bijoux, tapis, articles de cuir), voisine parfois même avec des œuvres contemporaines. Certaines galeries sont incontournables et méritent d'être visitées... La **Galería Uno** *(Morelos, n° 561)* est la plus ancienne; on y présente des œuvres d'artistes contemporains, mexicains ou étrangers, qui vivent à Vallarta au moins six mois durant l'année.

La **Manuel Lepe Museo Galería** *(Juárez, n° 533)* présente la vie et l'œuvre du peintre originaire de Vallarta. Manuel Lepe a donné le ton à une certaine peinture naïve, colorée et sûrement très représentative de cette ville et de sa région qu'il appelait *el paraíso*. Des murales du peintre agrémentent certains édifices municipaux de Puerto Vallarta.

Chez **Sergio Bustamante** *(Juárez, n° 275, ☎3-14-05 ou 2-54-80)*, on expose les bijoux, sculptures et modelages, en bronze, en cuivre, en céramique ou de papier mâché de l'artiste surréaliste. Des créations souvent amusantes, parfois sévères ou plutôt étranges, mais qui ne laissent personne indifférents. À voir absolument!

La **Galería de Arte Indigena** *(Juárez, n° 270)* est installé dans ce qui fut le premier hôtel de Puerto Vallarta. On a préservé certaines divisions, à l'étage, qui servent aux diverses expositions d'artistes du Mexique et des États-Unis. Ce qui attire ici, c'est le travail d'un jeune Amérindien huichol présent sur place : l'assemblage de toutes petites perles de verre multicolores sur de la poterie par ce jeune artisan autochtone demeure l'attraction de cette magnifique galerie. La **Galería de Arte Huichol** *(tlj 10h à 22h; Corona, n° 164)*, **Colección Huichol** *(tlj 10h à 22h; Morelos, n° 490, ☎3-21-41)* et la **Galería Muvieri** *(lun-sam 10h à 14h et 17h à 20h; Libertad, n° 177)* se consacrent elles aussi à l'art huichol.

**Pueblo Real** *(Juárez, n° 533)* avait été aménagé en centre culturel par le Québécois Claudio Tremblay. Ce dernier n'y est plus, mais on a conservé à la magnifique cour intérieure sa vocation originelle en y disposant trois galeries : **La Galería Principal**, où l'on présente des peintures d'artistes contemporains tels que Tamayo et Sergio Cuevas; la **Galería Cava**, dédiée aux femmes artistes, tandis que le **Guacha Bato** sert d'atelier au graveur Sergio Ruiz. Le reste de l'espace est occupé par des boutiques de bijoux et d'artisanat ainsi que par un café et un restaurant.

D'autres galeries méritent qu'on s'y arrête : la **Galería Anauak** *(lun-sam 10h à 14h et 17h à 21h; Madero, n° 268-B)* possède une collection de masques, de poteries et d'art précolombien; la **Galería Rosas Blancas** *(Juárez, n° 5)* et la **Galería Vallarta** *(lun-sam 9h30 à 20h; Juárez, n° 263)* dévoilent de belles pièces d'art mexicain figuratif et surréaliste.

## Au sud du Río Cuale

La **Galería Pacífico** *(lun-sam 10h à 21h, dim 11h à 15h; Insurgentes, n° 109)* existe depuis 10 ans. Les sculptures, peintures et posters exposés sont des créations d'artistes mexicains dont le sculpteur Ramiz Barquet, qui a réalisé *La Nostalgia*, que l'on peut admirer sur le Malecón.

La **Galería Dante** *(lun-sam 10h à 14h et 18h à 21h; Basilio Badillo, n° 269, ☎2-24-77)*, la **Galería Olinalá** *(lun-sam 10h à 14h et 17h à 21h; Lázaro Cárdenas, n° 274)*, la **Galería Piramid** *(Basilio Badillo, n° 272)*, la **Galería Pajaro** *(Aquiles Serdán, n° 386)* et la **Galería Parroquia** *(lun-sam 10h à 14h et 16h à 20h; Independencia, n° 231)* sont autant de galeries où admirer les magnifiques œuvres des prolifiques artistes mexicains.

## Marina Vallarta

Sur le *malecón* de la Marina Vallarta, **Arte de las Américas** *(tlj 10h à 22h; Las Palmas II)* rassemble une intéressante collection d'œuvres d'artistes contemporains, jeunes ou vieux, réalistes et surréalistes réunis. Deux autres galeries méritent d'être visitées : la **Galería EM** *(lun-sam 10h à 14h et 16h à 22h, dim 18h à 22h; Las Palmas II, nº 17)* et la **Galería Javier Niño** *(Plaza Marina)*.

## Atelier d'artiste

Jesús Botello Sánchez est sans doute l'artiste le plus prolifique et le plus apprécié de Puerto Vallarta. Ses œuvres, qu'il signe «Tellosa», sont multiples. Toutes aussi éblouissantes les unes que les autres, les peintures, murales, fontaines et sculptures de l'artiste ornent les salles à manger ainsi que les jardins-terrasses des plus beaux restaurants de la ville, dont le Café des Artistes, Cuiza et Santos. On peut prendre rendez-vous avec Jesús Botello Sánchez pour le rencontrer dans son atelier. **Atelier Bezán** : Guadalupe Sánchez, nº 756, ☎2-30-12.

 MATÉRIEL POUR ARTISTES

C'est au **Pro-Arte** *(México, nº 1197)* que les artistes, amateurs ou professionnels, trouvent le meilleur choix d'huiles, de toiles, de chevalets, de peintures et de gouaches. On trouve en plus au **Materiales para Artistas** *(Juárez, nº 533)* de superbes dentelles et des nappes qui sont le fruit du travail minutieux d'artisans au talent incontestable.

 PHOTO

Pour se procurer toutes les pellicules nécessaires à son appareil photographique, il est préférable de se rendre directement au centre-ville, où les prix sont plus raisonnable. On y trouve un grand choix de marques reconnues : Agfa, Fuji, Kodak.

MAGASINAGE

**Photo Arco-Iris** *(Calle Juárez, n° 602)* demeure sans doute la meilleure adresse pour le photographe.

 *PALETERÍAS* (GLACIERS)

Les glaciers de Puerto Vallarta proposent à peu près tous les mêmes produits laitiers glacés. Parmi les crèmes glacées qui sont les plus populaires, citons coco, pistache, citron, fromage et fraise, et les plus originales : *paletas de fruta*, jus de fruits glacés sur bâtonnet, *aguas de fruta* (eau purifiée avec jus de fruits exotiques). Les principales *paleterías* se trouvent au centre-ville : la **Paletería Muchuatana** *(à l'angle des rue Morelos et Saragoza)* est la plus facilement repérable, ainsi que sa voisine d'en face, de l'autre côté de la place principale *(Plaza de Armas)*. On trouve aussi un glacier sur le Malecón *(Paseo Díaz Ordaz, n° 556)*, et un autre dans le quadrilatère intérieur, l'**Helados Paletas Bahía** *(Calle Juárez, n° 528)*. Puis, au sud du Río Cuale, il y a la **Paletería la flor de Michoacán** *(à l'angle des rues Insurgentes et Venustiano Carranza)*.

 *PANADERÍAS* (BOULANGERIES-PÂTISSE-

On cuit du bon pain à la **Panedería Munguía** *(à l'angle des rues Insurgentes et Aquiles Serdán, et sur la rue Juárez, au sud de la place principale)*, ainsi que des pâtisseries, des croissants et des brioches. À la **Panadería Pili** *(Calle Lazaro Cárdenas n° 456)*, les chaussons aux fruits sont absolument délicieux.

 VINS

Le Mexique produit des vins rouges et blancs qui proviennent pour la plupart de la Basse-Californie. La production vinicole étant assez limitée, peu de ces vins sont exportés. De plus, rares sont les boutiques spécialisées qui les proposent. Il existe cependant un bon endroit où se procurer d'excellent vins mexicains : **Don Chui** *(Calle Aquiles Serdán, n° 414, ☎3-02-86)*.

# FLEURISTES

Pour agrémenter votre chambre ou votre studio, pour un anniversaire, pour offrir à des amis mexicains ou simplement pour rapporter un magnifique bouquet de fleurs tropicales, la **Florería Paraíso** *(angle Insurgentes et Lazaro Cárdenas, Calle Perú, nº 1226)* et la **Florería Vallarta** *(lun-sam 9h à 21h; Plaza Genovesa, zone hôtelière)* disposent toutes deux d'un beau choix de fleurs coupées ou en pots. Lors de votre retour au Canada ou au Québec, seules les fleurs coupées seront autorisées à la douane; les fleurs en pot contenant de la terre, absolument proscrites, seront saisies sur-le-champ!

# ÉPICERIES - MARCHÉS D'ALIMENTATION

Les grandes surfaces font aussi office de quincaillerie, de papeterie, de chemiserie et de mercerie. On y trouve donc de tout, des vêtements aux magazines mexicains et américains. Au centre-ville, au nord du Río Cuale, la **Plaza Ley** *(Avenida México, à l'intersection avec la Calle Uruguay)* et, juste au sud de la rivière Cuale, **Gutiérrez Rizo** *(angle des rues Aquiles Serdán et Constitución)* recèlent quantité de denrées alimentaires mexicaines et nord-américaines (fraîches ou en conserve). Ses pâtisseries ont bonne réputation, et les comptoirs remplis de piments sont des plus impressionnants. Un rayon complet est réservé aux vins locaux ou importés du Chili et d'Espagne. Le **Gigante** *(Plaza Caracol – au nord de l'hôtel Sheraton)* est semblable, mais on y trouve en plus une poissonnerie. La Marina Vallarta a aussi son épicerie : le **Comercial Mexicana** *(Plaza Genovesa et Plaza Marina)*.

LEXIQUE

**Quelques indications sur la prononciation de l'espagnol en Amérique du sud et dans les Antilles**

## CONSONNES

c      Tout comme en français, le *c* est doux devant *i* et *e*, et se prononce alors comme un **s** : *cerro* (serro). Devant les autres voyelles, il est dur : *carro* (karro). Le *c* est également dur devant les consonnes, sauf devant le *h* (voir plus bas).

g      De même que pour le *c*, devant *i* et *e* le *g* est doux, c'est-à-dire qu'il est comme un souffle d'air qui vient du fond de la gorge : *gente* (hhente).

        Devant les autres voyelles, il est dur : *golf* (se prononce comme en français). Le *g* est également dur devant les consonnes.

ch     Se prononce **tch**, comme dans «Tchad» : *leche* (letche). Tout comme pour le *ll*, c'est comme s'il s'agissait d'une autre lettre, listée à part dans les dictionnaires et dans l'annuaire du téléphone.

h      Ne se prononce pas : *hora* (ora)

j      Se prononce comme le **h** de «him», en anglais.

ll      Se prononce comme **y** dans «yen» : *llamar* (yamar). Dans certaines régions, par exemple le centre de la Colombie, *ll* se prononce comme **j** de «jujube» (*Medellín* se prononce Mede-jin). Tout comme pour le *ch*, c'est comme s'il s'agissait d'une autre lettre, listée à part dans les dictionnaires et dans l'annuaire du téléphone.

ñ      Se prononce comme le **gn** de «beigne» : *señora* (segnora).

r      Plus roulé et moins guttural qu'en français, comme en italien.

s      Toujours **s** comme dans «singe» : *casa* (cassa)

v      Se prononce comme un **b** : *vino* (bino)

z      Comme un **s** : *paz* (pass)

## VOYELLES

*e*    Toujours comme un **é** : *helado* (élado)

sauf lorsqu'il précède deux consonnes, alors il se prononce comme un **è** : *encontrar* (èncontrar)

*u*    Toujours comme **ou** : *cuenta* (couenta)

*y*    Comme un **i** : *y* (i)

**Toutes les autres lettres se prononcent comme en français.**

## ACCENT TONIQUE

En espagnol, chaque mot comporte une syllabe plus accentuée. Cet accent tonique est très important en espagnol et s'avère souvent nécessaire pour sa compréhension par vos interlocuteurs. Si, dans un mot, une voyelle porte un accent aigu (le seul utilisé en espagnol), c'est cette syllabe qui doit être accentuée. S'il n'y a pas d'accent sur le mot, il faut suivre la simple règle suivante :

On doit accentuer l'avant-dernière syllabe de tout mot qui se termine par une voyelle : *amigo*.

On doit accentuer la dernière syllabe de tout mot qui se termine par une consonne sauf *s* (pluriel des noms et adjectifs) ou *n* (pluriel des verbes) : *usted* (mais *amigos*, **hab**lan).

## PRÉSENTATIONS

| | |
|---|---|
| au revoir | *adiós, hasta luego* |
| bon après-midi ou bonsoir | *buenas tardes* |
| bonjour (forme familière) | *hola* |
| bonjour (le matin) | *buenos días* |
| bonne nuit | *buenas noches* |
| célibataire (m/f) | *soltero/a* |
| comment allez-vous? | *¿cómo esta usted?* |
| copain/copine | *amigo/a* |
| de rien | *de nada* |
| divorcé(e) | *divorciado /a* |
| enfant (garçon/fille) | *niño/a* |
| époux, épouse | *esposo/a* |
| excusez-moi | *perdone/a* |
| frère, sœur | *hermano/a* |
| je suis belge | *Soy belga* |
| je suis canadien(ne) | *Soy canadiense* |

| | |
|---|---|
| je suis désolé, je ne parle pas espagnol | *Lo siento, no hablo español* |
| je suis français(e) | *Soy francés/a* |
| je suis québécois(e) | *Soy quebequense* |
| je suis suisse | *Soy suizo* |
| je suis un(e) touriste | *Soy turista* |
| | |
| je vais bien | *estoy bien* |
| marié(e) | *casado/a* |
| merci | *gracias* |
| mère | *madre* |
| mon nom de famille est... | *mi apellido es...* |
| mon prénom est... | *mi nombre es...* |
| non | *no* |
| oui | *sí* |
| parlez-vous français? | *¿habla usted francés?* |
| père | *padre* |
| plus lentement s'il vous plaît | *más despacio, por favor* |
| quel est votre nom? | *¿cómo se llama usted?* |
| s'il vous plaît | *por favor* |
| veuf(ve) | *viudo/a* |

## DIRECTION

| | |
|---|---|
| à côté de | *al lado de* |
| à droite | *a la derecha* |
| à gauche | *a la izquierda* |
| dans, dedans | *dentro* |
| derrière | *detrás* |
| devant | *delante* |
| en dehors | *fuera* |
| entre | *entre* |
| ici | *aquí* |
| il n'y a pas... | *no hay...* |
| là-bas | *allí* |
| loin de | *lejos de* |
| où se trouve ... ? | *¿dónde está ... ?* |
| pour se rendre à...? | *¿para ir a...?* |
| près de | *cerca de* |
| tout droit | *todo recto* |
| y a-t-il un bureau de tourisme ici? | *¿hay aquí una oficina de turismo?* |

## L'ARGENT

| | |
|---|---|
| argent | *dinero/plata* |
| carte de crédit | *tarjeta de crédito* |
| change | *cambio* |
| chèque de voyage | *cheque de viaje* |
| je n'ai pas d'argent | *no tengo dinero* |

| l'addition, s'il vous plaît | la cuenta, por favor |
| reçu | recibo |

## LES ACHATS

| | |
| --- | --- |
| acheter | comprar |
| appareil photo | cámara |
| argent | plata |
| artisanat typique | artesanía típica |
| bijoux | joyeros |
| cadeaux | regalos |
| combien cela coûte-t-il? | ¿cuánto es? |
| cosmétiques et parfums | cosméticos y perfumes |
| disques, cassettes | discos, casetas |
| | |
| en/de coton | de algodón |
| en/de cuir | de cuero/piel |
| en/de laine | de lana |
| en/de toile | de tela |
| fermé | cerrado/a |
| film, pellicule photographique | rollo/film |
| j'ai besoin de ... | necesito ... |
| je voudrais | quisiera... |
| je voulais | quería... |
| journaux | periódicos/diarios |
| la blouse | la blusa |
| la chemise | la camisa |
| la jupe | la falda/la pollera |
| la veste | la chaqueta |
| le chapeau | el sombrero |
| le client, la cliente | el/la cliente |
| le jean | los tejanos/los vaqueros/los jeans |
| le marché | mercado |
| le pantalon | los pantalones |
| le t-shirt | la camiseta |
| | |
| le vendeur, la vendeuse | dependiente |
| le vendeur, la vendeuse | vendedor/a |
| les chaussures | los zapatos |
| les lunettes | las gafas |
| les sandales | las sandalias |
| montre-bracelet | el reloj(es) |
| or | oro |
| ouvert | abierto/a |
| pierres précieuses | piedras preciosas |
| piles | pilas |
| produits solaires | productos solares |
| revues | revistas |

| un grand magasin | almacén |
| un magasin | una tienda |
| un sac à main | una bolsa de mano |
| vendre | vender |

## DIVERS

| beau | hermoso |
| beaucoup | mucho |
| bon | bueno |
| bon marché | barato |
| chaud | caliente |
| cher | caro |
| clair | claro |
| court | corto |
| court (pour une personne petite) | bajo |
| étroit | estrecho |
| foncé | oscuro |
| froid | frío |
| gros | gordo |

| j'ai faim | tengo hambre |
| j'ai soif | tengo sed |
| je suis malade | estoy enfermo/a |
| joli | bonito |
| laid | feo |
| large | ancho |
| lentement | despacio |
| mauvais | malo |
| mince, maigre | delgado |
| moins | menos |
| ne pas toucher | no tocar |
| nouveau | nuevo |

| où? | ¿dónde? |
| grand | grande |
| petit | pequeño |
| peu | poco |
| plus | más |
| qu'est-ce que c'est? | ¿qué es esto? |
| quand | ¿cuando? |
| quelque chose | algo |
| rapidement | rápidamente |
| requin | tiburón |
| rien | nada |
| vieux | viejo |

**LES NOMBRES**

| | |
|---|---|
| 0 | *zero* |
| 1 | *uno ou una* |
| 2 | *dos* |
| 3 | *tres* |
| 4 | *cuatro* |
| 5 | *cinco* |
| 6 | *seis* |
| 7 | *siete* |
| 8 | *ocho* |
| 9 | *nueve* |
| 10 | *diez* |
| 11 | *once* |
| 12 | *doce* |
| 13 | *trece* |
| 14 | *catorce* |
| 15 | *quince* |
| 16 | *dieciséis* |
| 17 | *diecisiete* |
| 18 | *dieciocho* |
| 19 | *diecinueve* |
| 20 | *veinte* |
| 21 | *veintiuno* |
| 22 | *veintidós* |
| 23 | *veintitrés* |
| 24 | *veinticuatro* |
| 25 | *veinticinco* |
| 26 | *veintiséis* |
| 27 | *veintisiete* |
| 28 | *veintiocho* |
| 29 | *veintinueve* |
| 30 | *treinta* |
| 31 | *treinta y uno* |
| 32 | *treinta y dos* |
| 40 | *cuarenta* |
| 50 | *cincuenta* |
| 60 | *sesenta* |
| 70 | *setenta* |
| 80 | *ochenta* |
| 90 | *noventa* |
| 100 | *cien/ciento* |
| 200 | *doscientos, doscientas* |
| 500 | *quinientos, quinientas* |
| 1 000 | *mil* |
| 10 000 | *diez mil* |
| 1 000 000 | *un millón* |

LEXIQUE

## LA TEMPÉRATURE

| | |
|---|---|
| il fait chaud | *hace calor* |
| il fait froid | *hace frío* |
| nuages | *nubes* |
| pluie | *lluvia* |
| soleil | *sol* |

## LE TEMPS

| | |
|---|---|
| année | *año* |
| après-midi, soir | *tarde* |
| aujourd'hui | *hoy* |
| demain | *mañana* |
| heure | *hora* |
| hier | *ayer* |
| jamais | *jamás, nunca* |
| jour | *día* |
| maintenant | *ahora* |
| minute | *minuto* |
| mois | *mes* |
| nuit | *noche* |
| pendant le matin | *por la mañana* |
| quelle heure est-il? | *¿qué hora es?* |
| semaine | *semana* |

| | |
|---|---|
| dimanche | *domingo* |
| lundi | *lunes* |
| mardi | *martes* |
| mercredi | *miércoles* |
| jeudi | *jueves* |
| vendredi | *viernes* |
| samedi | *sábado* |

| | |
|---|---|
| janvier | *enero* |
| février | *febrero* |
| mars | *marzo* |
| avril | *abril* |
| mai | *mayo* |
| juin | *junio* |
| juillet | *julio* |
| août | *agosto* |
| septembre | *septiembre* |
| octobre | *octubre* |
| novembre | *noviembre* |
| décembre | *diciembre* |

**LES COMMUNICATIONS**

| | |
|---|---|
| appel à frais virés (PCV) | *llamada por cobrar* |
| attendre la tonalité | *esperar la señal* |
| composer le préfixe | *marcar el prefijo* |
| courrier par avion | *correo aéreo* |
| enveloppe | *sobre* |
| interurbain | *larga distancia* |
| la poste et l'office des télégrammes | *correos y telégrafos* |
| le bureau de poste | *la oficina de correos* |
| les timbres | *estampillas/sellos* |
| tarif | *tarifa* |
| télécopie (fax) | *telecopia* |
| télégramme | *telegrama* |
| un annuaire de téléphone | *un botín de teléfonos* |

**LES ACTIVITÉS**

| | |
|---|---|
| musée ou galerie | *museo* |
| nager, se baigner | *bañarse* |
| plage | *playa* |
| plongée sous-marine | *buceo* |
| se promener | *pasear* |

**LES TRANSPORTS**

| | |
|---|---|
| à l'heure prévue | *a la hora* |
| aéroport | *aeropuerto* |
| aller simple | *ida* |
| aller-retour | *ida y vuelta* |
| annulé | *annular* |
| arrivée | *llegada* |
| avenue | *avenida* |
| bagages | *equipajes* |
| coin | *esquina* |
| départ | *salida* |
| est | *este* |
| gare, station | *estación* |
| horaire | *horario* |
| l'arrêt d'autobus | *una parada de autobús* |
| l'arrêt s'il vous plaît | *la parada, por favor* |
| l'autobus | *el bus* |
| l'avion | *el avión* |
| la bicyclette | *la bicicleta* |
| la voiture | *el coche, el carro* |

| | |
|---|---|
| le bateau | *el barco* |
| le train | *el tren* |
| nord | *norte* |
| ouest | *oeste* |
| passage de chemin de fer | *crucero ferrocarril* |
| rapide | *rápido* |
| retour | *regreso* |
| rue | *calle* |
| sud | *sur* |
| sûr, sans danger | *seguro/a* |
| taxi collectif | *taxi colectivo* |

## LA VOITURE

| | |
|---|---|
| à louer, qui prend des passagers | *alquilar* |
| arrêt | *alto* |
| arrêtez | *pare* |
| attention, prenez garde | *cuidado* |
| autoroute | *autopista* |
| défense de doubler | *no adelantar* |
| défense de stationner | *prohibido aparcar o estacionar* |
| essence | *petróleo, gasolina* |
| feu de circulation | *semáforo* |
| interdit de passer, route fermée | *no hay paso* |
| limite de vitesse | *velocidad permitida* |
| piétons | *peatones* |
| ralentissez | *reduzca velocidad* |
| station-service | *servicentro* |
| stationnement | *parqueo, estacionamiento* |

## L'HÉBERGEMENT

| | |
|---|---|
| air conditionné | *aire acondicionado* |
| ascenseur | *ascensor* |
| avec salle de bain privée | *con baño privado* |
| basse saison | *temporada baja* |
| chalet (de plage), bungalow | *cabaña* |
| chambre | *habitación* |
| double, pour deux personnes | *doble* |
| eau chaude | *agua caliente* |
| étage | *piso* |
| gérant, patron | *gerente, jefe* |
| haute saison | *temporada alta* |
| hébergement | *alojamiento* |
| lit | *cama* |

| petit déjeuner | *desayuno* |
| piscine | *piscina* |
| rez-de-chaussée | *planta baja* |
| simple, pour une personne | *sencillo* |
| toilettes, cabinets | *baños* |
| ventilateur | *ventilador* |

LEXIQUE

INDEX

Restaurants (suite)

INDEX

# LES GUIDES ULYSSE

**Acapulco**
Ce guide de la collection «Plein Sud» présente sous un jour nouveau la plus célèbre des stations balnéaires du Mexique : la baie d'Acapulco, ses plages, ses restaurants et sa trépidante vie nocturne, mais aussi les montagnes voisines, de même que son histoire et ses habitants.
Marc Rigole, Claude-Victor Langlois
176 pages, 6 cartes
14,95 $                         85 F
2-89464-061-7

**Belize**
Ce guide vous entraîne à la conquête de ce petit pays d'Amérique centrale, autrefois dénommé Honduras Britannique. Il vous entraîne à la découverte de ce territoire et de ces fonds marins, paradis des plongeurs.
Carlos Soldevila
210 pages, 25 cartes
16,95 $                         99 F
2-89464-178-8

**Cancún - Cozumel**
Célèbre station balnéaire de la péninsule du Yucatán entièrement construite par l'homme, Cancún attire des visiteurs des quatre coins de la planète. Grâce à la proximité de l'île de Cozumel, paradis pour la plongée, et de fabuleux sites archéologiques, vestiges de la civilisation maya, Cancún représente une expérience touristique unique.
Caroline Vien, Alain Théroux
210 pages, 20 pages
17,95 $                         99 F
2-89464-037-4

**Carthagène** (Colombie), 2e édition
Voici la seconde édition de cet ouvrage unique consacré à cette magnifique cité colombienne qui réunit richesses culturelles, plages splendides, restos pour tous les goûts et vie nocturne animée. Tout sur les multiples possibilités d'excursions de plein air.
Marc Rigole
120 pages, 10 cartes
12,95 $                         70 F
2-89464-130-3

**Colombie**
Cet ouvrage jette un regard neuf sur ce pays souvent méconnu et vous dévoile quelques-uns de ces plus beaux secrets, dont Carthagène et Santafé de Bogotá.
Marc Lessard
336 pages, 65 cartes
8 pages de photos en couleurs
27,95$          145 F
2-89464-078-1

**Costa Rica**, 5e édition
Ce Guide Ulysse est en quelque sorte devenu un classique et demeure le plus complet sur la destination en français. En voici la cinquième édition, complètement réécrite et réorganisée afin de servir encore mieux les voyageurs. Innombrables idées d'excursions écotouristiques; listes incomparables d'adresses pratiques pour tous les budgets.
Francis Giguère, Yves Séguin
400 pages, 35 cartes
8 pages de photos en couleurs
27,95 $          145 F
2-89464-125-7

**El Salvador**
Le guide indispensable pour apprivoiser ce pays de l'Amérique centrale qui fascine par son histoire, sa culture et sa beauté naturelle, et qui devient de plus en plus accessible aux visiteurs.
Eric Hamovitch
164 pages, 7 cartes
ISBN : 2-921444-96-8
22,95 $          145 F

**Équateur - Îles Galápagos**, 2e édition
Ce guide couvre l'ensemble des régions de ce magnifique pays de l'Amérique du Sud, incluant bien sûr Quito, la capitale, mais aussi les îles Galápagos. Des centaines d'adresses pour tous les budgets et les meilleurs tuyaux pour découvrir ce fascinant pays des Incas.
Alain Legault
352 pages, 38 cartes
8 pages de photos en couleurs
24,95 $          145 F
2-89464-053-6

**Guatemala**
Des accords de paix historiques permettent au tourisme de se développer à nouveau au Guatemala, pays aux traditions amérindiennes si fortes et si présentes. De plus, cet ouvrage vous propose de découvrir le Belize, petit pays devenu le paradis des amateurs de plongée.
Carlos Soldevila
370 pages, 30 cartes
24,95 $          129 F
2-89464-173-7

**Honduras**, 2e édition
Voici la seconde édition de cet ouvrage consacré à l'un des pays d'Amérique centrale dont l'avenir touristique est le plus prometteur. Des longues plages sauvages aux sites archéologiques, ce guide ne laisse rien au hasard. Nombreuses suggestions d'excursions de plein air.
Eric Hamovitch
pages, cartes
24,95 $              145 F
2-89464-131-1

**Nicaragua**
Jadis en vedette à la une des principaux journaux du monde, le Nicaragua apparaît maintenant plus souvent dans la rubrique «Tourisme». En plus de la capitale Managua et de la populaire station touristique de Montelimar, ce guide explore tous les coins du pays, dont les touchantes villes de León et de Granada.
Carol Wood
256 pages, 18 cartes
24,95 $              145 F
2-89464-043-9

**Panamá**, 2e édition
Seul guide en français sur ce pays de l'Amérique centrale. Allie les aspects pratiques et culturels. Des portions importantes sont consacrées à la Ciudad de Panamá et au célèbre canal, mais le guide mène aussi à la découverte de toutes les autres régions.
Marc Rigole, Claude-Victor Langlois
240 pages, 16 cartes
8 pages de photos en couleurs
24,95 $              145 F
2-921444-88-7

**Pérou**
Avec cet outil indispensable, suivez les traces des Incas et des autres peuples qui ont formé le Pérou d'aujourd'hui, pays diversifié qui vous réserve des trésors fabuleux comme Machu Picchu, Cuzco l'ancienne capitale inca, le lac Titicaca et ses légendes, Lima, l'ancienne ville des rois, les mystérieux géoglyphes de Nazca et la superbe ville coloniale d'Arequipa.
Alain Legault
356 pages, 60 cartes
8 pages de photos en couleurs
27,95 $              129 F
2-89464-118-4

**Venezuela**, 2e édition
Un guide fort précieux pour une expédition vers les chutes Ángel, une ascension du Roraima, une excursion dans les Andes, une visite de Caracas, une sieste sur une plage d'Isla Margarita ou une exploration des abords du fleuve Orínoco.
Hilary D. Branch
316 pages, 32 cartes
8 pages de photos en couleurs
29,95 $              145 F
2-89464-044-7

# BON DE COMMANDE

## GUIDES DE VOYAGE ULYSSE

| | | | |
|---|---|---|---|
| ☐ Abitibi-Témiscamingue et Grand Nord | 22,95 $ | ☐ Jamaïque | 24,95 $ |
| ☐ Arizona et Grand Canyon | 24,95 $ | ☐ La Nouvelle-Orléans | 17,95 $ |
| ☐ Bahamas | 24,95 $ | ☐ Lisbonne | 18,95 $ |
| ☐ Belize | 16,95 $ | ☐ Louisiane | 29,95 $ |
| ☐ Boston | 17,95 $ | ☐ Martinique | 24,95 $ |
| ☐ Calgary | 16,95 $ | ☐ Montréal | 19,95 $ |
| ☐ Californie | 29,95 $ | ☐ New York | 19,95 $ |
| ☐ Canada | 29,95 $ | ☐ Nicaragua | 24,95 $ |
| ☐ Charlevoix Saguenay – Lac-Saint-Jean | 22,95 $ | ☐ Nouvelle-Angleterre | 29,95 $ |
| ☐ Chicago | 19,95 $ | ☐ Ontario | 24,95 $ |
| ☐ Chili | 27,95 $ | ☐ Ottawa | 16,95 $ |
| ☐ Colombie | 29,95 $ | ☐ Ouest canadien | 29,95 $ |
| ☐ Costa Rica | 27,95 $ | ☐ Panamá | 24,95 $ |
| ☐ Côte-Nord – Duplessis – Manicouagan | 22,95 $ | ☐ Pérou | 27,95 $ |
| ☐ Cuba | 24,95 $ | ☐ Plages du Maine | 12,95 $ |
| ☐ Disney World | 19,95 $ | ☐ Portugal | 24,95 $ |
| ☐ El Salvador | 22,95 $ | ☐ Provence – Côte-d'Azur | 29,95 $ |
| ☐ Équateur – Îles Galápagos | 24,95 $ | ☐ Provinces Atlantiques du Canada | 24,95 $ |
| ☐ Floride | 29,95 $ | ☐ Le Québec | 29,95 $ |
| ☐ Gaspésie – Bas-Saint-Laurent - Îles-de-la-Madeleine | 22,95 $ | ☐ Québec Gourmand | 16,95 $ |
| ☐ Gîtes du Passant au Québec | 12,95 $ | ☐ Le Québec et l'Ontario de VIA | 9,95 $ |
| ☐ Guadeloupe | 24,95 $ | ☐ République dominicaine | 24,95 $ |
| ☐ Guatemala | 24,95 $ | ☐ San Francisco | 17,95 $ |
| ☐ Honduras | 24,95 $ | ☐ Toronto | 18,95 $ |
| | | ☐ Vancouver | 17,95 $ |
| | | ☐ Venezuela | 29,95 $ |
| | | ☐ Ville de Québec | 17,95 $ |
| | | ☐ Washington D.C. | 18,95 $ |

## ULYSSE PLEIN SUD

| | | | |
|---|---|---|---|
| ☐ Acapulco | 14,95 $ | ☐ Carthagène (Colombie) | 12,95 $ |
| ☐ Cancún – Cozumel | 17,95 $ | ☐ Puerto Vallarta | 14,95 $ |
| ☐ Cape Cod – Nantucket | 17,95 $ | ☐ Saint-Martin – Saint-Barthélemy | 16,95 $ |

## ESPACES VERTS

| | | | |
|---|---|---|---|
| ☐ Cyclotourisme en France | 22,95 $ | ☐ Randonnée pédestre Nord-est des États-Unis | 19,95 $ |
| ☐ Motoneige au Québec | 19,95 $ | ☐ Randonnée pédestre au Québec | 22,95 $ |
| ☐ Randonnée pédestre Montréal et environs | 19,95 $ | ☐ Ski de fond au Québec | 22,95 $ |

## GUIDES DE CONVERSATION

☐ L'Anglais pour mieux voyager
en Amérique          9,95 $

☐ L'Espagnol pour mieux voyager
en Amérique latine     9,95 $

## JOURNAUX DE VOYAGE ULYSSE

☐ Journal de voyage Ulysse
(spirale) bleu – vert – rouge
ou jaune         11,95 $

☐ Journal de voyage Ulysse
(format de poche) bleu – vert –
rouge – jaune ou «sextant» 9,95 $

## Budget ● zone

☐ ●zone Amérique centrale 14,95 $

☐ ●zone le Québec     14,95 $

| TITRE | QUANTITÉ | PRIX | TOTAL |
|---|---|---|---|
|  |  |  |  |
|  |  |  |  |
|  |  |  |  |
|  |  |  |  |
|  |  |  |  |

| | | |
|---|---|---|
| Nom _____ | Total partiel | |
| Adresse _____ | Poste-Canada* | 4,00 $ |
| _____ | Total partiel | |
| Paiement : ☐ Comptant ☐ Visa ☐ MasterCard | T.P.S. 7% | |
| Numéro de carte _____ | | |
| Signature _____ | TOTAL | |

**ULYSSE L'ÉDITEUR DU VOYAGE**
4176, rue Saint-Denis, Montréal (Québec)
☎ (514) 843-9447, fax (514) 843-9448, H2W 2M5
Pour l'Europe, s'adresser aux distributeurs, voir liste p 2.
* Pour l'étranger, compter 15 $ de frais d'envoi.

917.23504

Ville de Montréal

**Feuillet de circulation**

| À rendre le | |
|---|---|
| 3 1 MAI 2000 | 9 OCT. 2001 |
| 1 2 JUI 00 | 1 7 JAN. 2003 |
| | 2 8 JAN. 2003 |
| 0 5 AOU 00 | 2 5 FEV. 2003 |
| 1 2 SEP 00 | 2 4 AVR. 2003 |
| 1 7 FEV 01 | 1 4 FEV. 2004 |
| 0 2 OCT 01 | 2 4 AOUT 2004 |
| 2 7 NOV 01 | 1 1 NOV. 2004 |
| 1 2 déc | |
| | 1 5 FE |
| 1 3 FEV 02 | 2 5 MAI |
| 0 5 MAR. 2002 | |
| 0 6 AVR. 2002 | |
| 1 0 SEP. 2002 | |

06.03.375-8 (05-93)